Klonovsky

Aphorismen

Michael Klonovsky

Aphorismen
und Ähnliches

Durchgesehene und
vermehrte Ausgabe

Karolinger Verlag
Wien und Leipzig

Gesamtherstellung:
Buch Theiss GmbH, St. Stefan im Lavantthale

Satz:
Ecotext-Verlag, Mag. G. Schneeweiß-Arnoldstein, Wien

Einband:
Laura Weiß

Umschlagabbildung:
John Flaxman, *Eris*

© Karolinger Verlag Wien 2014–2020

ISBN 978 3 85418 196 5

Vorwort
zur erneuten Neuauflage

Die Beliebtheit von Aphorismen ist kein bißchen rätselhaft: Sie sind immer einseitig, besserwisserisch, anmaßend, im Idealfall elegant, boshaft und beleidigend; außerdem lesen sie sich, wenn man sie nicht überdosiert, schnell weg. Und man kann sie twittern. Für denjenigen, der sie macht, kommt noch das Privileg dazu, im Bedarfsfalle seine Galle absondern zu dürfen. Wer wollte dem widerstehen?

Lassen Sie mich dazu ein Anekdötchen erzählen. Anfang 2016 bat man mich als Referenten zu einer Veranstaltung: Der Förderverein des „Deutschen Aphorismus-Archivs" (DAphA) und die Stadt Hattingen luden zum – übrigens 7. – Aphoristikertreffen. (Ein Aphoristikertreffen belegt auf der intellektuellen Skurrilitätenskala nach dem Philosophenkongreß und vor dem Zirkel schreibender Arbeiter den zweiten Platz.) Mein Vortrag war mit dem Titel angekündigt: „Der Aphorismus als Überdruß-Ventil und literarisches Mittel, dem Würgereiz rasch noch zuvorzukommen". Aus Gründen, die mir so klar waren, daß ich für diese Rede nie eine Zeile geschrieben habe – sie hatten mit meinem zwischenzeitlich erfolgten Wechsel aus dem Journalismus in die Politik zu tun –, wurde ich rechtzeitig wieder ausgeladen. Der Titel erfuhr also seine Bestätigung, und er erfährt sie mit enervierender Regelmäßigkeit.

Die hier versammelten Sentenzen sind im wesentlichen Früchte des Ekels, näherhin: eines ästhetisierten Ekels. Da dessen Anlaß nicht schwindet, sondern im Gegenteil eher wächst und gedeiht, ja überkocht, befindet sich auch diese Sammlung im stetigen Wachsen. Da überdies hinreichend viele Menschen an meiner Ekelveredelung offenbar ein gewisses Behagen finden, erscheinen deren Produkte nunmehr in dritter erweiterter Auflage. Und kein Ende ist abzusehen!

München, in März 2020
Michael Klonovsky

Vorwort zur zweiten Auflage

Ein Mensch, der sich Luft verschafft und zu diesem Zwecke Sentenzen macht, denkt eigentlich weder in Auflagen noch in größeren Zeiträumen. Zu seinem nur geringen Erstaunen muss er beim Überblättern der zur Neuauflage anstehenden Texte feststellen, dass ein rundes Zehntel seiner „Sprüche und Pfeile" (Nietzsche) inzwischen, da andere Plagegeister sich vorgedrängelt haben, gen Obsoletheit abschwirrt, ein weiteres Zehntel einer gewissen Klassizität entgegenstrebt, während der Rest ohnehin Schamott war, ist und bleiben wird. Warum aber gibt es Schamott? Um die Glut zu bergen, zu hegen, zu ummanteln, ihr eine solide Heimstatt zu verschaffen. Der Glut zuliebe geht nun auch der Schamott in die dritte Auflage, welche, die beschriebenen Anteilsverhältnisse in etwa beibehaltend, um ein paar Dutzend in der Zwischenzeit entstandene Aphorismen erweitert wurde. Möge sich daran wärmen oder verbrennen, wer es nicht lassen kann.

München, im Thermidor des 1396. Jahres nach der Himmelsreise des Propheten

Michael Klonovsky

Vorbemerkung
zur ersten Auflage

Eckhard Henscheid begründete seine Vorbehalte gegenüber der Gattung Aphorismus einmal damit, es sei ihm suspekt, daß der Sentenzenmacher nach jedem seiner Sätze gewissermaßen stolz und beifallserheischend in die Runde schaue. Aus diesem Dilemma führt auch über die vorliegende Sammlung kein Weg, nur soll eine Einschränkung von vornherein angemerkt werden: Der Autor nimmt keinerlei Originalität für sich in Anspruch. Seine Aphorismen reagieren entweder auf alltägliche Belästigungen durch die Plagegeister der egalitaristischen Welttendenz oder verlängern altbekannte Gemeinplätze auf dem Umweg einer Neuformulierung in die Gegenwart. Sie sind also im doppelten Sinne reaktionär. Neu oder originell ist hier nichts.

Was der Sphäre altbewährter Gemeinplätze entspringt, bedarf ohnehin keiner Zustimmung oder Rechtfertigung; diese „Botschaft, die nie stirbt" (Nicolás Gómez Dávila) wird nur getreulich weitergegeben wie ein Stab im ewigen Staffellauf des Lebens. Was wiederum des Autors Hohn und Grimm gegen die Sachwalter des Zeitgeistes anbelangt, so ist es ihm ziemlich gleichgültig, ob er selber oder irgendein anderer Esel am Ende recht behält, solange er seine Sicht der Dinge nur vorgetragen hat und darüber hinaus gilt, man könne vieles anders sehen als er, aber nicht unbedingt besser formulieren.

Siehe, wir hassen, wir streiten, es trennet uns Neigung und Meinung,

Aber es bleichet indes dir sich die Locke wie mir, schreibt Schiller, und damit soll es sein Bewenden haben.

München, im Mai 2014   Michael Klonovsky

Wenn der Satz nicht schmeckt, ist auch sein Inhalt belanglos.

Die Kunst besteht darin, seinen Abscheu so zu formulieren, daß er einen ästhetischen Mehrwert abwirft.

Das Böse wäre deutlich machtloser ohne die hirnlosen Unterstützer des Gutgemeinten.

Je düsterer sich ihm die Vergangenheit darstellt, für desto klarer hält der fortschrittliche Historiker seinen Blick auf sie.

Ein unabhängiger Geist nimmt die Existenz von Gegnern mit einem Achselzucken hin, aber was zu seiner Verteidigung vorgetragen wird, betrübt ihn mitunter doch.

Die *political correctness* ist der Abschiedsbrief der Weißen an die Welt.

Die Zugehörigkeit zum intellektuellen Pöbel manifestiert sich in keiner Eigenschaft deutlicher als in der Unfähigkeit, die literarische Qualität eines Textes zu würdigen, dessen inhaltliche Tendenz einem zuwider ist.

Nach langem Hin und Her entschied sich der Ethikrat doch für Barabbas.

Um einen geistig Höherstehenden zu überwinden, muß man ihn ins moralische Gestrüpp zerren.

One World heißt das Gefängnis, aus dem kein Weg mehr ins rettende Exil führt.

Wo keine Beute winkt, wird auch nicht moralisiert.

Wenn die Schimpansen sprechen könnten, würden sie wohl als erstes ihre Gleichstellung fordern.

Eine Frau genügt entweder für eine Nacht – oder nicht einmal für sämtliche Nächte.

Der Weg zur demokratischen Öffentlichkeit ist leicht zu finden; man muß nur dem periodisch ertönenden empörten Aufjaulen folgen.

Den Siegeszug der modernen bildenden Kunst nach ästhetischen Kriterien zu bewerten, ist ungefähr so, als bemesse man den Erfolg einer militärischen Eroberung an der Farbe der dabei getragenen Uniformen.

Vergangenheitsbewältigung lautet der Name für ein Pöstchen-Rennen, in dem der Trostpreis für die leer Ausgegangenen ein gutes Gewissen ist.

Wenn eine Frau, die nie an einer Wiege gesessen hat, über das richtige Leben zu predigen beginnt, sollte man sich dezent entfernen.

Der Minimalsinn von religiösen Ritualen besteht darin, den Unsinn zu verhindern, den die Menschen stattdessen tun würden.

Die Himmelsrichtung, in welche er buckelt, ist beim Typus Transatlantiker eher zufällig.

Die Aufforderung, daß die Menschen sich beharrlich der Vergangenheit erinnern sollten, kann ich uneingeschränkt unterstützen, insbesondere der Literatur des 18. und der Malerei des 17. Jahrhunderts.

Nichts geht dem zeitgenössischen Barbaren geläufiger über die Lippen als die Warnung vor jeder Art Kulturpessimismus.

Ob all diese Emanzipationskollektive sich nur deshalb so geifernd und zähnefletschend gebärden, weil sie instinktiv ahnen, wie wenig Zukunft ihnen bleibt?

Verzweiflungsgrund: Immanenz.

Die *mit Schaum vorm Mund* lesen, werfen gern anderen vor, sie schrieben *mit Schaum vorm Mund*.

Am meisten wärmt die Hoffnung auf den nächsten Thermidor.

Nachdem Pest und Pocken besiegt waren, wurde die arme Menschheit von gräßlichen Meinungsepidemien befallen.

Dem Nachkommenlosen ist jeder andere Mensch gleichzweitviel wert.

Der Wicht frohlockt, wenn der Konkurrent einen Fehler macht; ein Herr bedauert es.

Feministinnen sollten nur ihre eigenen Kinder bekehren dürften.

Der heutige Europäer hat nichts mehr zu gewinnen und alles zu verlieren.

Seit Menschengedenken klagt die ältere Generation über die Lebensuntüchtigkeit der jüngeren, und eine Generation von Alten wird irgendwann tatsächlich Recht damit haben.

Meinungsfreiheit kann es nur dort geben, wo eine mächtige Autorität sie schützt, so wie nur ein starker Chef garantieren kann, daß sich die Hackordnung nicht durchsetzt.

Das Unangenehme an den öffentlichen homosexuellen Bekentnissen ist, daß niemand danach gefragt hat.

Fahnenschwenken als politisches Statement ist überflüssig geworden, wo ein Einstecktuch bereits vollauf genügt.

Während Erziehungswissenschaftler darüber streiten, ob Computerspiele Kinder dumm machen, haben Sozialwissenschaftler ermittelt, daß sie sie dumm lassen.

Der Journalist spricht gewöhnlich auch dann im Chor, wenn er allein redet.

Das größte Problem der neuen Herren Europas wird die Beseitigung der vielen alten Kadaver sein.

Daß sämtliche Vorurteile falsch seien, lautet das populärste Vorurteil der Gegenwart.

Der Gebildete ist rasch daran zu erkennen, was er alles nicht weiß.

Immer mehr Menschen sind *geistlich* behindert.

Die Idee, daß es überhaupt keine Rassen gäbe, verhalf immerhin einer zum Verschwinden.

Wozu sich mit einer Ansicht auseinandersetzen, wenn man sie moralisch verurteilen kann?

Wer ein gutes Deutsch spricht, führt vermutlich auch sonst etwas im Schilde.

Es ist nicht die Aufgabe der Todesstrafe, die Zahl der künftigen, sondern die der bereits tätig gewordenen Mörder zu verkleinern.

Wenn das Volk durch hinreichend viele Tabus sprachlos gemacht worden ist, gewähren ihm die Parteien politische Gesprächsangebote.

Seine linke Kinderstube erlaubt es dem Transatlantiker, ungerührt Menschenopfer im Dienste des Menschheitsfortschritts zu fordern.

Es gibt nationale Kunst und internationales Kunstgewerbe.

Nicht ohne Rührung beschreibt der progressive Historiker, daß sich die Piraten ihren Kapitän wählten.

Im *Diskurs* pflichten leitartikelnde Nullen dem Monolog der vom Zeitgeist längst nobilitierten Eins bei.

KAROLINGER
VERLAG

ORTLIEBGASSE 2/22
A-1170 WIEN

WIR FREUEN UNS ÜBER IHR INTERESSE
AN UNSERER VERLAGSARBEIT UND BIT-
TEN SIE, DIESE KARTE AUSGEFÜLLT AN
UNS EINZUSENDEN. WIR WERDEN IHNEN
LAUFEND PROSPEKTE ZUGEHEN LASSEN.

IHR
KAROLINGER VERLAG

NAME   VORNAME

BERUF

WOHNORT (POSTLEITZAHL)

STRASSE

@ e-POST

DIESE KARTE ENTNAHM ICH DEM BUCH

DATUM

Wer sogenannten Stützen der Gesellschaft bei ihren privaten Gesprächen lauscht, verliert jedes Vertrauen in die Statik.

Da der Mensch desto sicherer lügt, je mehr Augen sich auf ihn richten, dürfte eine Rede an die Menschheit den Gipfelpunkt der Verlogenheit markieren.

Die westlichen *Antirassisten* sind degenerierte Weiße, die sich den schwächsten Gegner ausgesucht haben: ihresgleichen.

Wenn eine Gesellschaft in Gefahr gerät, kehren mit der größten Selbstverständlichkeit paternalistische Verhältnisse zurück.

Die *historische Aufführungspraxis* ist ein historisches Phänomen wie alle anderen Aufführungspraktiken auch.

Wer es nicht zum Literaturliebhaber schafft, kann immer noch Literaturwissenschaftler werden.

Wenn Deutschland endlich gestorben ist, dürfen auch ein paar Argumente zu seiner historischen Entlastung vorgetragen werden.

In den meisten Buchhandlungen findet sich kein einziges literarisches Werk mehr.

Die Lebenskunst besteht darin, es sich im Paradoxen wohnlich einzurichten.

Die genormten Fatzkes in ihren Bürotürmen grinsen, wenn einer ihrer Geschlechtsgenossen den ehrbaren Beruf des Kindergärtners ergreift.

Demokratie bedeutet, daß ein Mensch von leidlichem Geschmack immer und in jeder Sache überstimmt wird.

„Wer sich nicht an die Vergangenheit erinnern kann, ist verdammt, sie zu wiederholen", notierte der amerikanische Philosoph George Santayana. Wie schön, wenn er Recht behielte und wir zum Beispiel das *Ancien Régime* und die deutsche Romantik wiederholten!

Man verrichtet seine Arbeit aus Gewohnheit, trägt seinen Namen aus Gewohnheit, ist Ehemann oder alleinstehend aus Gewohnheit, Christ oder Atheist aus Gewohnheit, sogar ein Nichts ist man aus Gewohnheit.

Der originäre Denker ist der natürliche Feind des Professors.

Je emanzipierter ein Menschenleben verläuft, desto wahrscheinlicher wird man nichts von ihm erfahren. Aber erst der vollkommen befreite Mensch endet vollkommen spurlos.

Als sich die Leistung aus dem Dienst verabschiedete, entstand die Dienstleistung.

Der moderne Biograph vermerkt es dem historischen Künstler übel, wenn er sich nicht hinreichend für den politischen Fortschritt engagiert hat.

In der Quizshow scheitert der Gebildete jämmerlich.

Zwei Menschen, die sich wirklich über Jahre lieben, wirken unter den modernen Beziehungseingehern wie Aristokraten auf der Kirmes.

Fünf Franzosen, fünf Meinungen; fünf Juden, zehn Meinungen; fünf Deutsche, eine Meinung.

Eine Zivilgesellschaft verleugnet die Existenz von Feinden desto hartnäckiger, je ausgeprägter die Gleichgültigkeit ihrer Funktionäre gegenüber erschlagenen Landsleuten ist.

Wo alle Männer dieselben genormten sexuellen Träume träumen, soll derjenige gepriesen werden, der für eine Bucklige schwärmt.

Kein noch so degeneriertes Adelsgeschlecht hätte Kretins hervorbringen können, wie sie heute in jedem Parlament anzutreffen sind.

Großzügigkeit aus Sorge, sonst für arm zu gelten, zählt zu den sympathischsten Züge des Plebejers.

In den Geistes- und Sozialwissenschaften ist der Professorentitel das Angepaßtheitszertifikat der Begabteren.

Der erste Satz der EU-Verfassung sollte lauten: Alle Solidarität geht von Deutschland aus.

Wie gut, daß es biedere Gelehrte aus dem Bürgertum waren, die die Antike wiederentdeckten; man stelle sich vor, was von ihr übriggeblieben wäre, hätte man sie bundesrepublikanischen Sozialhistorikern oder amerikanischen Professorinnen für Geschlechtergeschichte überlassen.

Am Ende triumphiert die Farbe, in deren Namen am vehementesten die Buntheit propagiert wurde.

Wenn irgendwo ein Originalgenie auftauche, erkenne man es unfehlbar daran, daß sich die Dummköpfe gegen diesen Menschen zusammenschlössen, notierte Jonathan Swift. Man wende den Satz auf Steve Jobs an.

Es gibt einen Film über die wahren Schuldigen am Ausbruch des Ersten Weltkriegs: Kurosawas „Rashomon".

Müßte es, übrigens, nicht *Tätervolkswagen* heißen?

Je bitterer die Mundwinkel der Alten, desto kinderärmer das Land.

Als Lob des geschlagenen Konkurrenten erreicht das Selbstlob seine sozial verträgliche Form.

Der Bundestag möge beschließen: Deutschland geht nie wieder eine Währungsunion mit Ländern ein, in die man gerne reist.

Wer einmal das triumphierende Funkeln in den Augen einer Frau gesehen hat, als sie offenbarte, neuerdings mit einem sogenannten Prominenten liiert zu sein, der weiß, wie kümmerlich das Glück der Gleichstellung sich im Vergleich dazu ausnimmt.

Der Soziologe unterscheidet Jack the Ripper und Mutter Teresa an ihrem Konsumverhalten.

Wenn jemand eine nicht von vornherein durch ergebnisorientierte Fragestellung manipulierte Statistik über die Unterschiede zwischen Bevölkerungsgruppen veröffentlicht, schreit der Linke sofort, es würden Stereotype verbreitet.

Womöglich haben in einem mittelalterlichen Dorf mehr authentische Individuen gelebt als in einer modernen Großstadt.

Man darf davon ausgehen, daß ein Mensch mit 150 festen Internet-Kontakten sich buchstäblich für niemanden interessiert.

Es gibt eine gewisse Ähnlichkeit zwischen einem Politiker, der aus seiner besseren Wohngegend die Bewohner prekärerer Bezirke zur Akzeptanz multikultureller Zustände ermahnt, und dem Jungen, der verschiedene Insekten in ein Glas sperrt, um anschließend mit teilnahmsloser Neugier ihre Kämpfe zu beobachten.
Nur käme der Junge nie auf die perfide Idee, sich dafür feiern zu lassen.

Wirklich lebenswert wäre nur eine Welt, an deren Beschreibung alle Soziologie verzweifelt.

Die Blauäugigen, könnte dereinst ein Historiker schreiben, waren fürs Überleben zu blauäugig.

Der zuverlässigste Verbündete des Sozialismus ist die Schwerkraft.

Wenn immer mehr Frauen in Führungspositionen gelangen, wie der momentane Weltheilsplan vorsieht, brechen schlimme Zeiten an – nicht für die Männer, für die anderen Frauen.

Jeder Muezzinruf beinhaltet eine Feinder-klärung.

Der Grundimpuls des Feminismus ist die Verteufelung des männlichen Sexualtriebs.

Plumpheit im Geistigen erleichtert die Gewandtheit im Zeitgeistigen.

Wer sich zwischen zwei Ansichten nicht zu entscheiden weiß, unterstütze die, für deren Aussprechen es der größeren Courage bedürfte.

Wozu seine Zeit an diejenigen verschwenden, aus denen ohnehin nur Kollektivgewißheiten sprechen?

Euer Kulturbegriff ist zu statisch!, riefen die Säue und begannen, die Galerien und Theater dynamisch zuzuscheißen.

Der rasante Anstieg der Weltbevölkerung ist vielleicht nur die letzte Heerschau der Geschichte.

Wer Selbstzweifel hegt, kennt die Wonnen des Sich-Benachteiligtfühlens noch nicht.

Längst kann keine Diskriminierung mehr die Unterstellung übertreffen, jemand diskriminiere.

Bevor man den Propheten einer nicht eingetretenen Katastrophe verspottet, sollte man sicher sein, daß sein Warnruf nicht zu deren Ausbleiben beigetragen hat.

Was dem Kunsthistoriker der *Wegbereiter der Moderne* ist dem Evolutionsbiologen der Affe.

Am Ende ärgern den Autor in seinen eigenen Büchern am meisten die Passagen, die er für andere geschrieben hat.

Die Biographie des Glückspilzes wäre schrecklich langweilig, gäbe es nicht das letzte Kapitel.

Die Gewissenlosigkeit mordet nur. Das gute Gewissen rottet aus.

Der Kapitalismus könne die Probleme der Menschheit nicht lösen, sagt die Linke. Dennoch verlangt sie es von ihm.

Nachfolge Jesu: Gehe hin und tue desgleichen. Nachfolge Rousseau et al.: Gehe hin und fordere, die anderen mögen desgleichen tun!

Was keine Feinde hat, ist nichts wert.

Einer kollektiven Autosuggestion folgend kommen gefährliche Aliens nie von der Venus.

Die *Antideutschen* haben in der Schule bloß am besten aufgepaßt.

Das elementarste Menschenrecht ist das auf Opportunismus, was für jede Gegenwart stillschweigend akzeptiert und für jede Vergangenheit lautstark bestritten wird.

Es liegt kein Widerspruch darin, sondern höchste Konsequenz, wenn der Abtreibungsbefürworter auch noch Pazifist ist.

Mit der Forderung nach *gleichen Startchancen für alle* brachte er sich in die Pole-Position.

Im Büro des kritisch-aufgeklärten Journalisten liegt immer etwas Holz für den nächsten Scheiterhaufen bereit.

Man muß noch mehr töten für den Frieden.

Die Abschaffung von Konventionen erfolgt meistens aus sehr konventionellen Motiven.

Es ist amüsant, mit welchem Menschheitsfortschrittspathos die Homosexuellen-Lobby den Kampf um ein paar Euro Steuerersparnis auflädt.

Nachdem er dafür gesorgt hatte, daß in seiner Wohngegend keine Zigeuner auftauchen würden, schrieb der Politiker eine flammende Rede über ihre notwendige Integration.

Man muß denjenigen mißtrauen, die von sich tönen, sie seien gute Demokraten, wo doch das einzig glaubwürdige Bekenntnis lauten würde: Ich plädiere gerade deshalb für Demokratie, weil ich weiß, daß ich kein Demokrat bin.

Was könnte es Harmonischeres geben als einen betenden Physiker?

Auf die Tatsache, daß der Kaiser nackt ist, reagiert der Linke mit einem Diskurs über Bekleidetsein als soziales Konstrukt.

Wir leben im Polytheismus der Expertengremien.

Die Herablassung, mit welcher über eine sogenannte Verschwörungstheorie geurteilt wird, hängt oft damit zusammen, daß zwar durchaus eine Verschwörung stattfand, aber die Theorie falsch ist.

Es besteht nicht der geringste Anlaß, einen Sternenhaufen für bedeutender zu halten als einen Band Proust oder ein Scherzo von Chopin.

Die Erkenntnisse von 200 Jahren Naturwissenschaft lassen sich in einen Satz zusammenfassen: Der Mensch ist erschütternd trivial.

Dieses Gesetz wirft uns um Jahrzehnte zurück! – Ja ist es nicht schön, wenn die Gesellschaft sich verjüngt?

Ein besonders krasser Fall „gruppenbezogener Menschenfeindlichkeit" ist der „Kampf gegen Rechts".

Wer sich gar nicht erst gemein macht, wird den Forderungen, er möge sich distanzieren, gelassen entgegensehen.

Daß viele Verschwörer des 20. Juli 1944 erst nach Stalingrad zu entschiedenen Hitler-Gegnern geworden seien, ist ein beliebter Vorwurf derer, die schon wenige Jahrzehnte nach der Höllenfahrt des Dritten Reiches zu dessen Todfeinden avancierten.

Um der Beschäftigung mit einem problematischen Gegenstand zu entgehen, führt man am besten einen Diskurs über ihn.

Eine unter Wissenschaftlern verbreitete Form des Bettelns besteht in der Umdeutung simpler Forschungsergebnisse in Riesenerfolge.

Der Gegenwartsfreak will es dem Klassiker nicht länger nachsehen, daß er in der Sprache seiner eigenen Zeit geschrieben hat.

Wer nicht plausibel drohen kann, ist kein politisches Subjekt. Daß heute jede zweite Lobbygruppe mit ihrer vermeintlichen Schwäche droht, bestätigt nur diesen Satz.

Die Linke der Gegenwart interessiert sich nicht stärker für das Schicksal der Homosexuellen als die Linke der Vergangenheit für jenes der Proletarier.

Wenn der Determinismus die Willensfreiheit ausschließt, dann ist jeder Suizid ein Zeugnis gegen ihn.

Daß ein Autor *raune*, machen ihm die journalistischen Brüller gern zum Vorwurf.

Wer nach einer belastbaren Prognose über die gesellschaftlichen Entwicklungen der nächsten Jahre verlangt, sollte nicht bei den Trendforschern, sondern bei den Satirikern vorstellig werden.

Meine Generation war die letzte, die alle Geheimnisse des Sexuellen selbst entdecken durfte; die Heutigen spielen nur noch Pornofilme nach.

Wenn man sämtliche Schöpfungen des weißen Mannes von diesem Planeten entfernte, besäßen seine Ankläger weder Zeit noch Mittel, ja nicht einmal Begriffe, um ihn mit Vorwürfen zu überhäufen.

Moderne Gesellschaften sind Schafherden, die von Journalisten umbellt werden.

Die Unerträglichkeit des Lobs wächst mit der Zahl derer, die es mithören.

Der authentische Misantroph wäre auch dann einer, wenn er niemanden als sich selber kennte.

Der Basistext aller Ökonomie ist die Geschichte vom Fischer und seiner Frau.

Die Primitivitäten der Politischen Korrektheit lassen einem den Marxismus im nachhinein zwar immer noch fremd, aber etwas weniger dumm erscheinen, und auch die lange belächelte Psychoanalyse nimmt sich neben dem Menschenbild philosophierender Hirnforscher regelrecht geistreich aus.

Wer sich allzusehr feminisiert, ob Mann oder Land, sollte sich nicht wundern, wenn er schließlich auch gefickt wird.

Verachtung ist kein Grund für Unhöflichkeit.

Der Rechtsstaat ist heute unter anderem dazu da, das Individuum vor den Demokraten zu schützen.

Die Erhebung von Menschen zu Klassikern ist diskriminierend; folglich gehört die Klassiker-verhunzung auf deutschen Bühnen zu den edlen Taten der Emanzipation.

Sozialistische Ethik: Schuld geben ist seliger denn nehmen.

Nirgends auf dieser Welt macht sich ein Tourist auf den Weg, um ein Bauwerk anzustaunen, das von Sozialdemokraten, Grünen oder Linken er-richtet wurde.

Beim Urteil über den Erfolg sind Ressentiment und Weisheit mitunter kaum zu unterscheiden.

Der Linke in der Revolte gegen die Tyrannei gehört zu den edelsten Erscheinungen der Ge-schichte, der Linke als Politesse des Egalitaris-mus im Wohlfahrtsstaat zu den erbärmlichsten.

Es heißt, man sei ein guter Demokrat, wenn man seinen Ekel überwindet und ein Kreuz setzt.

Als diese Figuren mit dem „Bomber Harris, do it again!"-Spruchband durch Dresden mar-

schierten, hätte man sich's tatsächlich ge-
wünscht.

Wenn der Linke das Wort *Ehrenmänner* hört,
denkt er unwillkürlich an krumme Geschäfte,
unterdrückte Ehefrauen und mißhandelte Kinder.

Im Gegensatz zur Bücherverbrennung der
Nazis vollzieht sich das Ritual der Klassiker-
verbrennung auf den Bühnen der Bundesrepublik ganzjährlich.

Am leichtesten verrät man den, der man gestern
noch gewesen ist.

Die Gleichstellung der Frauen hängt vor allem
davon ab, ob Frauen bei der Partnerwahl künftig Männer bevorzugen, die an gleichgestellten
Frauen interessiert sind.

Man kann das kontinuierliche Wachstum der
Weltbevölkerung mit der ständigen Verdün-
nung einer Substanz vergleichen.

Diejenigen, die in Wagners Opern die Nazi-
Mentalität suchen, besitzen sie doch längst.

Auf ihre Weise glaubt gewiß auch die Ratte,
wenn sie in den Speck beißt, sie sei *auf der Höhe
der Zeit.*

In den historischen Seminaren studieren die zukünftigen Hauptkommissare für die Ermittlung von Vergangenheitsdelikten.

Einen Autor, der nicht auf jeder Seite zwei oder drei Sätze schreibt, die nur ihm gehören, muß man nicht lesen.

Den Kampf legitimiert das *Worum*, aber es heiligt ihn einzig das *Wie*.

Wo Barbaren herrschen, hält man große Stücke auf den Konsens.

Die Verfolger von heute berufen sich auf die Verfolgten von gestern.

Die letzte humane Regung wird in dem Versuch bestehen, für einen Computer möglichst schwer durchschaubar zu bleiben.

Ein einzelner Mensch im schreiendsten Unrecht ist ein erfreulicherer Anblick als eine Menge im Recht.

Wenn der andere unsere eigenen Charaktermängel nur ein kleines bißchen ausgeprägter als wir besitzt, wird er unserer Verachtung nicht entgehen.

Man erkennt die Plebs immer am Benehmen, niemals am Einkommen.

Nach wie vor hat Adolf Hitler bei der Beurteilung der Werke Richard Wagners in Deutschland das letzte Wort.

Bei der Behandlung historischer Stoffe steht der Gegenwarts-Regisseur unter dem sozialen Zwang, seine Figuren gegen die sozialen Zwänge der Vergangenheit aufbegehren zu lassen.

Wer zu unbegabt ist, um seine Ansprüche allein durchzusetzen, stellt sie im Namen irgendeiner Gruppe.

Vom Fachidiotentum heilt einzig der in viele Richtungen ausschwärmende Dilettantismus.

Wenn ein junger Mensch öffentlich seine politischen Überzeugungen kundtut, ist das ungefähr so peinlich, als entledige sich ein älterer *coram publico* seiner Kleidung. Nur der umgekehrte Fall ist zuweilen reizvoll.

Islamistische Anschläge in Europa? Wozu das Haus demolieren, in das man einzieht.

Harmonie ensteht, wenn der politisierende Intellektuelle von denjenigen verprügelt wird, in deren Namen er zu sprechen vorgab.

Die demokratischen Treiber brechen in das Dickicht der Katholischen Kirche ein, um das reaktionäre Wild aus seinem letzten Schlupfwinkel aufzuscheuchen.

Ein falsches Kompliment reißt spielend die Bastionen nieder, die der Stolz vergeblich zu ignorieren versuchte.

Von den Künsten neue Großtaten zu erhoffen ist womöglich so zeitgemäß, als rechne man noch auf Fortschritte im Pyramidenbau.

Es ist die heilige Pflicht des Alters, der Jugend so lange als irgend möglich ein schlechtes Beispiel zu geben.

Frau Königin, ihr seid's dank Quote *hier*,
Aber Schneewittchen hinter den Bergen ...

Daß ein plötzlich hereinbrechendes Unglück gerade nicht „tragisch" ist: wann lernt's der Journalist?

Wer gescheit erscheinen will, sollte sich nicht zu weit von seinem Publikum entfernen; allzu große Intelligenz wirkt auf das Auditorium wie Unbeholfenheit.

Das zentrale Paradoxon der modernen Geschichte besteht darin, daß überall die Herrscher verschwinden, aber die Beherrschten nicht weniger werden.

Menschen, die sich allweil *neuen Herausforderungen stellen*, muß man entschieden aus dem Wege gehen.

Ausgegrenzt lebt es sich meistens angenehmer als eingegrenzt.

Der Reaktionär ist ein Konservativer, der keinen Wert mehr darauf legt, eingeladen zu werden.

Die Formulierung nationaler Interessen genießt unter deutschen Politikern eine ähnliche Popularität wie die Schilderung der Vorzüge eines großen Bordeaux bei den Anonymen Alkoholikern.

Wie soll man einen Chef respektieren, der am Computer sitzt?

Da sich der reale Sozialismus als Fiasco und jener „mit menschlichem Antlitz" als Plapperei erwiesen hat, favorisiert die Linke inzwischen den Sozialismus mit demokratischem Antlitz.

Einen sogenannten Kreativen erkennt man daran, daß er nie etwas erfunden hat.

Der Satz: „Ich bin stolz, Deutscher zu sein", gilt als unsinnig, weil sich ein Mensch auf fremde Verdienste nichts einbilden dürfe. Wie aber verhält es sich mit denen, die sich als Deutsche wegen vergangener fremder Untaten zu schämen vorgeben?

Der Geschichtsprofessor mußte all seine Furcht zusammennehmen, um das historische Ereignis angemessen zu interpretieren.

Zum anständigen Trinken gehört immer ein gewisses Maß an Leidensbereitschaft; warum sollte der Mensch die großen Vergnügen ohne Gegenleistung geschenkt bekommen?

Kein Selbstverwirklicher vermag die Frage zu beantworten: Warum gerade du? Er muß sich immer auf ein Recht für alle herausreden.

Am rassistischsten sind die Augen.

Das konstanteste deutsche Accessoire ist der Maulkorb.

Aus der Klippschule der Dialektik: Indem der Staat den Zweifel am Holocaust unter Strafe stellt, bezeugt er ihn.

Der Heiratsschwindler benötigt mehrere Frauen, während der Heiratsschwindlerin oft bereits ein Mann genügt.

Alle schlechte Kunst hat eines gemeinsam: Absichten.

Die Individualität wird gefördert, indem man sie beschneidet, wie einen guten Rebstock.

Damit die Trottel dieses Planeten ihre Trivialitäten endlich „in Echtzeit" austauschen können, mußte der technische Genius des Menschen einen erstaunlichen Höhenflug absolvieren.

Der kultivierte Mensch weiß noch vom gelegentlichen Unterschied zwischen seinen persönlichen Vorlieben und der überpersönlichen Erstklassigkeit.

Schach kann nur ein unbedeutender Denksport sein, sonst gäbe es doch mehr weibliche Großmeister.

Gibt es für die von Wohlhabenden begangenen Verbrechen eigentlich auch *soziale Ursachen*?

Wer Abwechslung will, taugt nicht zur Unsterblichkeit.

Ein historisches Werk mit wissenschaftlichem Anspruch ist so lachhaft wie eines ohne literarischen Anspruch abstoßend.

Seine Wahrheiten hatte er von der Stange, seine Irrtümer aus zweiter Hand.

Der größte Vorwurf, der sich gegen die Siegelbewahrer des Zeitgeistes vorbringen läßt, ist der, daß man sich beim Trauern um die ermordeten Juden inzwischen wie eine Hure vorkommt.

Noch die abartigste Meinung kann schwerlich jenen Grad an Schäbigkeit erreichen, den ihre Verfolger an den Tag legen.

Gottesstaaten hat es schon viele gegeben, sogar solche, die von Atheisten errichtet wurden. Bislang einzigartig in der Geschichte ist indes die Existenz eines Teufelsaustreibungsstaates namens BRD.

Der ideale Untertan ist historisch ahnungslos, hysteriebereit und unbewaffnet.

Die Ähnlichkeit der roten Massenmorde mit den nationalsozialistischen wird von denjenigen am vehementesten bestritten, die hoffen, daß sie zumindest als Drohkulisse noch eine Zukunft haben.

Daß man sie fälschen muß, um zu herrschen, ist die einzige Lehre, die es aus der Geschichte zu ziehen gibt.

Der Dummkopf meint, für den Weltuntergang seien Asteroideneinschläge, Klimakatastrophen und Nuklearkriege vonnöten, während der kultivierte Mensch weiß, daß der Niedergang der Konversation, des musikalischen Geschmacks, der Manieren und der Interpunktion vollauf genügen, um diesen Planeten unbewohnbar zu machen.

An Menschen, die keine Gedichte auswendig wissen, ist jede Zeit verschwendet.

Dem Drama des menschlichen Kampfes gegen sein Ausgeliefertsein an die Natur folgte das Satyrspiel der Spiegelfechterei gegen seine biologische Verfaßtheit.

Je mehr ein Historiker einer Ideologie folgt, mit desto größerer Wahrscheinlichkeit wird er seine Darstellungen als Wissenschaft verkaufen.

Manche Konservative scheinen zu glauben, wenn sie sich besonders lautstark an der Verfluchung des Dritten Reichs beteiligen, werde man ihnen ihre konservative Gesinnung in Gegenwartsbelangen nachsehen.

Auch seine grüne Vergangenheit wird Deutschland dereinst *aufarbeiten* und *bewältigen* müssen.

Der Aphorismus besitzt den Vorzug, daß man nicht beliebig aus ihm zitieren kann.

Bildungsferne schafft Publikumsnähe.

Extreme politische Ansichten resultieren bisweilen nur aus einem starken Verlangen nach Distinktion.

Nichts erregt den Geschichtsfälscher mehr als der Geschichtsrevisionist.

Der Zeitgeist will uns einreden, daß nach der Ablösung des bislang machtausübenden plumpen, prahlenden und gewalttätigen Geschlechts durch das intrigante, gehässige und stutenbissige die Welt endlich besser werde.

Es ist lächerlich, nicht knien zu wollen, bloß weil man nicht glaubt.

Eine gewisse Sorte von Dummköpfen nähert sich dem Bonmot mit dem begrifflichen Instrumentarium der Soziologie.

Das einzig Wichtige auf Erden ist, was sich ein paar Erleuchtete und Gebildete über die Jahrhunderte hinweg zuflüstern.

Aus der Sicht des Linksintellektuellen wiegt Stauffenbergs Versuch, Hitler zu töten, nicht seine Schuld auf, das Deutsche Reich retten zu wollen.

Die Menschen sind so amusisch wie eh und je, aber sie schämen sich nicht mehr dafür.

Um Weihnachten zu retten, muß man beginnen, es wieder heimlich zu feiern.

Ein Freund, den man nicht mitunter beneidet, ist wahrscheinlich keiner.

Und der Vorhang im Tempel zerriß *nicht* in zwei Stücke von obenan bis untenaus, und die Erde erbebte *nicht*, und die Felsen zerrissen *nicht*, und die Gräber taten sich *nicht* auf, und dies ist die traurigste Geschichte der Welt.

Neben der Empörungslust, die ein A. Hitler der Nachwelt beschert hat, nimmt sich die *damnatio memoriae* der Alten regelrecht frigide aus.

Wenn es in der Politik feierlich wird, sind die Messer für gewöhnlich schon gewetzt.

Täglich bringt der Kampf gegen die Syntax neue Helden hervor.

Wäre es nicht ein guter Anfang, wenn sich jeden Morgen vor den Nachrichten ein weißer, heterosexueller Mann mit einem siebenstelligen Jahreseinkommen beim TV-Publikum für seine Existenz entschuldigte?

Es ist mittlerweile nahezu unmöglich, sich öffentlich anders als in einer dämonologischen Sprache über Hitler und seine Spießgesellen zu äußern, das heißt: Die Anti-Aufklärung hat auf breiter Front gesiegt.

Manche Kritiker beleidigen mit Lob und Tadel gleichermaßen.

Jahrtausendelang kannten die Menschen nur den Wettstreit der Vorzüge, heute wetteifern sie mit ihren Benachteiligungen.

Welch sinniges Schauspiel: die Toleranten, zusammengetreten von den Tolerierten.

Die Homer-Lektüre erfrischt unter anderem deshalb so sehr, weil keiner der Handelnden ein schlechtes Gewissen kennt.

Wer etwas „unsäglich" findet, gibt zunächst einmal Auskunft über seinen Wortschatz.

Vielleicht sollte man auch gewisse Bücher, jene von Carl Schmitt zum Beispiel, mit dem Aufdruck „Enthält Sulfite" versehen.

Europa will das neue China werden.

Auch wenn es Gott nicht gibt, sollte man die Lösung der Probleme dieses Planeten wohl besser ihm überlassen als jenen, die sich dafür aufzudrängen versuchen.

Der heutige Biograph geht mit dem festen Vorsatz ans Werk, die Ähnlichkeit zwischen der von ihm behandelten Person und dem Leser zu beweisen.

Die aktuell gültige Maßeinheit für die Erbsünde heißt Kohlendioxidbilanz.

Lange glaubte die Linke, es bedürfe zur Durchsetzung ihrer Ziele einer Avantgarde. Heute weiß sie, daß es vollauf genügt, das Mittelmaß zum gesellschaftlichen Leitbild zu erheben.

Wo das Team regiert, wird Bildung zum Stigma.

Die überflüssige Gebärmutter hat sich aus den Klöstern in die Universitäten und Institute emanzipiert.

Der kritisch-aufgeklärte Westeuropäer läßt seine Vorfahren dafür büßen, daß sie bedeutender waren als er.

Die Anprangerung der sozialen Ungerechtigkeit bereitet dem Linksintellektuellen mehr Vergnügen, als es ihre Abschaffung je könnte.

Der Haß auf einen geistig hochstehenden Menschen entspringt oft nur der ohnmächtigen Erkenntnis, dem Überlegenen buchstäblich nichts anderes anzubieten zu haben.

Ein mit der Internet-Pornographie Aufgewachsener vermag sich das Antlitz einer Frau kaum mehr anders vorzustellen als mit Spermaspritzern darin.

Die Verschwörungstheorie ist das meist unentbehrliche Korrektiv zur offiziellen Darstellung.

Ich bin behindert: Ich bin gottlos.

Wer die gewaltige Reduzierung der Kindersterblichkeit in unserem Weltteil preist, sollte die ebenfalls gewaltige Steigerung der Embryonensterblichkeit nicht zu erwähnen vergessen.

Das Gespräch mit einem Toleranten wird erst dann amüsant, wenn der Punkt erreicht ist, an dem er *null Toleranz* bekundet.

Der Opportunist hält sich für „schwarmintelligent".

Verbrechen, lehrt der bundesrepublikanische Katechismus, haben soziale Ursachen, sofern sich bei den Tätern keine rechte Gesinnung auftreiben läßt.

Daß der zeitgenössische Intellektuelle sich über die unvergleichliche Grausamkeit der Kriege des 20. Jahrhunderts entrüstet, hängt damit zusammen, daß die von ihm verachteten Monarchen für eine historische Weltsekunde den gehegten Krieg eingeführt hatten und daß er von den anderen Kriegen nichts weiß.

Für Toleranz appellieren gemeinhin diejenigen, die keine aufbringen müssen.

Daß Kriminelle um jeden Preis resozialisiert werden sollen, ist kein Postulat der Ethik, wie man an der allgemeinen Gleichgültigkeit gegenüber ihren Opfern sehen kann, sondern eines der schieren Furcht.

Der Sozialist zieht die Unfreiheit aller der Freiheit einiger weniger vor.

Das Schicksal hat, wie es scheint, an den modernen Menschen kaum mehr Interesse.

In der Bundesrepublik erkennt man einen „Provokateur" und „Querdenker" an der Zahl der ihm verliehenen Preise.

In sein Dorf zurückgekehrt, berichtete der Zentralafrikaner vom Voodoo der Europäer: Man werfe dort alle vier Jahre Zettel in Kisten und hoffe, daß in den nächsten vier Jahren die Wünsche in Erfüllung gehen.

Die Bekämpfer von Eintagsfliegen schütteln den Kopf über die Streiter gegen Windmühlen.

Die Menschheit wird sich vielleicht niemals von der Schreckensnachricht erholen, daß es keinen Gott gibt.

Europa gleicht einem Patienten, der eine tödliche Krankheit glücklich überstanden hat und nun durch fortgesetzte Gabe von Medikamenten gegen diese Krankheit zu Tode therapiert wird.

Die Tempel und Kathedralen dieser Welt mögen vielleicht nicht für Gott zeugen, gewiß aber gegen den Atheismus.

Das Standardhonorar der politischen Main-stream-Presse beläuft sich auf dreißig Silber-linge.

Ein Sportwagen ist nichts gegen einen vertrunkenen Sportwagen.

Für die wahrheitswidrige Behauptung, man könne als Journalist wegen eines falschen Satzes entlassen werden, wurde der Journalist entlassen.

Der *politisch engagierte* Künstler träumt in der Regel bloß vom Engagiertwerden.

Kultur besteht darin, zu verhindern, daß Menschen „authentisch rüberkommen".

Sehr vieles von dem, was in der Wikipedia steht, weiß ich nicht, aber fast alles, was ich weiß, steht nicht dort.

Den meisten Menschen ist ein Tabu lieber, als wenn überhaupt nichts gilt.

Nicht nur die Angst erzeugt Opportunismus, sondern auch der Narzissmus, denn der narzisstisch gewordene Allerwelts-Mensch der Gegenwart kann sich eine Abkehr von den ihn umgebenden zweibeinigen Spiegeln nicht erlauben.

Alles, was zum Bekenntnis nötigt, ist Religion.

Abstinenz ist schlimmer als Hybris.

In einem gewissen Sinne muß man für den Fortgang der Aufklärung beten.

Da der Linke genau weiß, wie wenig er mit seinen persönlichen Ambitionen in Betracht kommt, muß er sich ständig als Sprecher anderer ausgeben.

Eine der Funktionsmöglichkeiten des Gehirns hält sich interessanterweise für dessen Erforschung.

Der moderne Mensch hat das Privileg, mit immer größerer Mobilität, bei immer besserer Gesundheit und immer längerer Lebensdauer die von modernen Menschen zerstörten Kulturlandschaften der vormodernen Welt betrauern zu können.

Der Polemiker ist ein Verwandter des Alkoholikers.

Ein Almosen ist mehr wert als die Anprangerung der Armut in zwanzig Bänden.

Hat sich die Öffentlichkeit eines Landes erst einmal entlang der Kraftlinien des Ressentiments formiert, gewinnt eine Gruppe kontinuierlich desto größeren Einfluß, je mehr sie sich als diskriminierte darzustellen vermag.

Der Evolutionsbiologe ist ein Kriminalist der Naturgeschichte, der die Suche nach dem Tatmotiv aufgegeben hat und stattdessen Indizien anhäuft.

Das Postulat, in jedem Kind sei ein Mozart oder wahlweise ein Einstein verborgen, markiert den unübersteigbaren Höhepunkt der Heuchelei.

Sollte der Westen eines Tages kollabieren, wird auch Deutschland seinen langen und verspäteten Weg dorthin zu Ende gekrochen sein.

Der Behindertensport der Autoren nennt sich „creative writing".

Ein neues westeuropäisches Massenphänomen: Man wurde um seine Enkel betrogen.

Ein gewichtiger Trost für den erkannten Stümper sind die verkannten Genies.

Der letzte Schrei der Aufklärung ist das empörte Aufjaulen als politisches Statement.

Wenn außerhalb der eigenen Mauern die Gewalt ausbricht, besteht die natürlichste und gesündeste Reaktion darin, die Mauern zu verstärken.

Schlechtes Abschneiden bei einem IQ-Test läßt im Grunde nur noch bittere Wut auf den Tester als angemessene Reaktion zu.

Eines der neueren Staatsziele der Bundesrepublik: Jedem Devianten ein Normalitätszertifikat!

Im Auftrage eines interessierten Herrschers oder kundigen Mäzens zu arbeiten, verleiht einem Künstler oft mehr Freiheiten, als wenn er sich den Launen des mehrheitlich stets kriterienabholden Publikums aussetzt.

Wo der Feind fehlt, muß der Paria Zusammenhalt stiften.

In der Idee, schwulen Paaren das Adoptionsrecht zu geben, weht der Geist der Paralympics.

Die Schere zwischen arm und reich existiert tatsächlich: Die Armen und die Reichen halten sie an jeweils einer Seite, um aus der Mittelschicht immer größere Stücke herauszuschneiden.

Es fällt auf, daß weibliche Models auf Fotografien immer so schauen, als hätten sie ein unvergleichlich erfülltes Sexualleben, männliche Models indes, als besäßen sie einen Hochschulabschluß.

Die Demokratie endet, wo ein Bekenntnis zu ihr gefordert wird.

Nie hat ein demokratischer Staat gegen einen demokratischen Staat Krieg geführt, so friedlich ist in ihrem Wesen die Demokratie! – Nie hat eine römische Provinz eine römische Provinz bekriegt, so friedlich war in seinem Wesen Rom!

Religion, lehren die Zeitgeist-Verwalter, müsse Blasphemie vertragen können. Ausgenommen natürlich die Religion der sozialen Gerechtigkeit, die Religion der Demokratie, die Religion des Multikulturalismus, die Religion der Klimarettung, die Religion des weltweit durchzusetzenden emanzipatorischen Fortschritts – und was von den modernen Aufgeklärten an Gesinnungstotems noch so rituell umtanzt wird.

Frei nach Luhmann: Neid reflektiert Kontingenz, Eitelkeit eliminiert Kontingenz.

Je *gerechter* der Krieg, desto größer gemeinhin die Zahl der getöteten Zivilisten.

Demokratisierung bedeutet letztlich Umgehung des Mehrheitswillens durch Überbetonung von Partikularinteressen.

Das tiefste Motiv der deutschen Europapolitik ist die Angst, wieder allein dazustehen.

Den meisten Gottlosen gibt es bei den Kommunisten, den Darwinisten und unter protestantischen Theologen.

Der General Franco hat eine schlechte Presse, weil er die Kommunisten geschlagen hat.

Wer nicht glaubt, daß er seine Sündhaftigkeit geerbt hat, muß sie wohl, obschon er sie mit allen anderen Menschen teilt, für ein originäres Produkt seiner selbst halten.

Daß Israel seine Erwählung einem Vollrausch verdankt (Gen. 9, 26), haben die Juden in zweitausendjähriger nahezu kollektiver Abstinenz gesühnt.

Die Durchsetzung einer Weltsprache wäre der größte geistige Kahlschlag und das schrecklichste ästhetische Fiasco der Menschheitsgeschichte.

Je mehr sich die Kirche für die Gesellschaft interessiert, desto geringer wird ihr Einfluß auf sie.

Was an einem einzigen Tag in Deutschland gegessen wird, hat mehr Macht gegen die Kultur als sämtliche Werke Goethes für diese.

Man weiß nicht, was heute schlimmer ist: Kommunikation oder Exkommunikation.

Wer sein Denken davon abhängig macht, ob ihm eventuell die Falschen zustimmen könnten, sollte es gleich ganz einstellen.

Das Bedürfnis, *auf dem Laufenden* sein zu wollen, ist vermutlich längst ein Zeichen von Schwachsinn.

Nichts vermag mehr Sympathie für den Teufel zu wecken als der Exorzismus.

Die endgültige Befreiung der Menschheit ist immer nur zwei bis drei Massenmorde weit entfernt.

Gönnen ist göttlich.

Sogar auf dem Grund des Ekels findet sich zuweilen der Neid.

Der bedürfnisgenormte, herkunftslose, geschlechtsneutrale Europäer ist die aktuelle Version des *neuen Menschen*.

Es ist inzwischen möglich, ein ganzes Menschenleben lang zu lesen, ohne auf ein wirklich schlechtes oder ein wirklich gutes Buch zu stoßen.

Wo behauptet wird, die Begriffe „links" und „rechts" seien überholt, herrschen Linke.

Es ist lächerlich, sich als Regelbrecher zu spreizen, wenn man die Regeln nicht beherrscht.

Die von der eigenen Lehre abweichenden Sympathien großer, Schule machender Köpfe – jene Alban Bergs für Bruckner etwa oder die Wittgensteins für Schopenhauer – sind von deren Schülern selten nachvollziehbar, weil die Meister sich über ihre schiere Höhe definieren, die Schüler aber nur über ihr hart erarbeitetes Verständnis der jeweilige Geistesmode.

Fortschritt bedeutet, den immergleichen Blutbädern in immer besserer Bildqualität folgen zu können.

Man sollte Völker danach beurteilen, welche Steuersätze sie sich gefallen lassen.

Auf die Unsterblichkeit der Seele würde der moderne Mensch gern verzichten, wenn nur seine Genitalien fortlebten.

Im zeitgenössischen Spießer brennt das Verlangen, traditionelle Rituale, etwa die Trauung, möglichst *unspießig* zu vollziehen.

Mitunter bedeutet Definieren eine krasse Unterbietung der Evidenz.

Am meisten strahlen die Augen des Teufels bei den Worten: Liberté, Égalité, Fraternité.

Es ist schlimm, wenn einen die Freunde enttäuschen, aber weit schlimmer ist es, wenn die Feinde nichts taugen.

Wie verzweifelt muß ein Mensch sein, der sich in den Optimismus flüchtet!

Die heftigsten Verächter der Nation lassen sich wie selbstverständlich von ihr alimentieren.

Jeder Zuwachs an individueller Freiheit zerstört ein Stück Kultur.

Die einfachen Tatsachen und Weisheiten der Völkerpsychologie gelten nur unter den Wortführern historisch widerlegter Völker als obsolet.

Deutschlands „langer Weg nach Westen" (H. A. Winkler) wird womöglich bloß in irgendeiner Karawanserei oder in einem Touristenbordell enden.

Hätten frühere Epochen die soziale Gerechtigkeit zu ihrem Ideal erkoren, könnten wir heute weder ihre Architektur bestaunen noch ihre Kunst bewundern.

Die *europäische Idee* ist in Wahrheit nicht viel mehr als die Übertragung des deutschen Länderfinanzausgleichs auf einen Kontinent.

Der Gegenwartsautor muß maßlos begabt und maßlos selbstverliebt sein, um für sein triviales zeitgenössisches Personal noch eine künstlerische Sprache zu entwickeln.

Vorschlag für ein neues Wort zur Beschreibung von zwar sportlich reizvollen, aber ansonsten amusischen Konzertveranstaltungen: *Lang-Lang-weilig.*

Einen Nonkonformisten erkennt man niemals an seinem Äußeren.

Philosophisch ist nicht der Diskurs, sondern wie man sich zu ihm verhält.

Wer hätte gedacht, daß der anmutige Begriff *Europa* einmal fester Bestandteil der Gaunersprache werden würde?

Dürer, Goya, Cézanne: die Wegbereiter der Häßlichkeit.

Die deutschen 68er hätten ihre Eltern mehrheitlich bewundert, wenn die Nationalsozialisten den Krieg gewonnen hätten. Und mit der Gewährung von ein bißchen promiskuitiver Fickerei zwecks staatlich geförderter Kriegernachwuchszeugung, der Vorzugsausgabe französischer Beuteweine und guten Aufstiegsmöglichkeiten in den Verwaltungen der besetzten Gebiete hätten die Nazis auch die anderen 68er-Probleme einer soliden Lösung zugeführt.

Es gibt keinen Malstil, den das 17. Jahrhundert nicht bereits probiert hätte.

Der gute Deutsche stört sich weniger am Lärm als vielmehr an der Verletzung seines Rechtes auf Ruhe.

Abtreibung und künstliche Befruchtung haben eine gemeinsame Parole: Mein Bauch gehört mir. Und einen gemeinsamen Feind: die Natur.

In Deutschland werden jeden Tag mehr Schuldgefühle produziert als Automobile.

Die wirkliche soziale Gerechtigkeit ist erst dann erreicht, wenn kein Milieu mehr existiert, das es sich leisten kann, die Grünen zu wählen.

Ich bin *Feminist.*

Der Tugendterror wäre unvollständig, wenn diejenigen, die ihn ausüben, die Feststellung zuließen, daß er existiere.

Marx würde die Linkspartei wählen, Rousseau die Grünen.

Wenn sich hinreichend viele Zeloten zu ihr bekennen, wird auch die Demokratie totalitär.

Als sozialisiert darf gelten, wer nicht mehr murrt, wenn der Staat mit seinen Steuern die Bedürfnisse der Sozialdarwinisierten befriedigt.

Der Begriff *Vernichtungskrieg* beschreibt eine welthistorische Normalität.

Für ein bedeutendes Kunstwerk ist es angemessener, wenn es friedlich den Tod des Vergessenwerdens stirbt, als wenn es von irgendeinem Trottel „popularisiert" wird.

Die Rangfolge der Schreckensorte aus Sicht der progressiven Familienpolitikerin: Golgatha,

Buchenwald, Küche; die der Marterinstrumente: Kreuz, Pfahl, Herd.

Die authentische Signatur unserer Zeit ist der „Gefällt mir"-Button für Kants „Kritik der Urteilskraft".

Die soziale Isolation des Päderasten, des Sodomiten, des Drogensüchtigen, des Ex-RAFlers betrübt den Grünen, während er die soziale Isolation des Rechten eigens forciert.

Jubelnd und strahlend, nach allen Seiten winkend und spontan Autogramme gebend, nahm der Schauspieler seinen Preis für die überzeugende Darstellung eines Holocaust-Opfers entgegen.

Eines der Verdienste der modernen Kunst besteht darin, auch den Koprophilen eine ästhetische Heimat gegeben zu haben.

Der Unternehmensberater kam zu dem Ergebnis, daß sich speziell in der Liturgie viel unproduktive Zeit einsparen ließe.

Wenn deutsche Politiker einmal keine Vorgaben mehr aus Washington, Brüssel und Paris bekommen sollten, werden sie sich wohl händeringend nach Warschau, Ankara oder Peking wenden.

Jeder Mensch ist sein eigener Darsteller, aber keiner kennt das Drehbuch.

Was in Mode kommen kann, ist es nicht wert, überhaupt zur Kenntnis genommen zu werden.

Die Haupthindernisse des Fortschritts heißen: Distinktion, Manieren, Schamgefühl, Loyalität, Religion, Kultiviertheit, Männlichkeit, Weiblichkeit, Heimatverbundenheit.

Es gibt keinen Pluralismus, wo der Verfassungsgegner nicht mit am Tisch sitzt.

Jede Dankesrede für einen Preis läuft auf eine Unterwerfung hinaus.

Der deutsche Geschichtsstudent lernt, daß die Aufzeichnungen von Churchill, Grey oder Clemenceau Quellen seien, jene von Bethmann Hollweg oder Ludendorff aber Apologetik.

Der zeitgenössische Biograph legt gemeinhin zu viel Augenmerk darauf, was die geschilderte historische Persönlichkeit mit seinen Lesern gemeinsam hat, und zu wenig, was sie grundlegend von ihnen unterscheidet.

Der schlimmste Tyrann ist das *Team*.

Kein Politiker wäre so schamlos, im privaten Gespräch jene Dinge zu äußern, die er vor Parteitagsdelegierten und laufenden Kameras vorträgt.

Es gibt Menschen, die vermittels ihrer Untergangsprognosen ausgesorgt haben.

Der Protestantismus fragt sich, ob er moralisch genug sei; dem Katholizismus genügt es bereits, wenn er malerisch genug ist.

Der Linke ist imstande, der Forderung eines Rechtsparteilers nach mehr Grünflächen in Bahnhofsnähe mit dem Ruf „Nie wieder Faschismus!" entgegenzutreten.

In der globalen Erinnerung die schlechtesten Karten haben die Abermillionen Toten, die seit 1789 einem der zahllosen Verbrechen *für die Menschlichkeit* zum Opfer gefallen sind.

Wenn die Memoiren als Literaturgattung ausgestorben sind, weil ohnehin alle ungefähr dasselbe Leben führen, hat der Fortschritt ein weiteres Etappenziel erreicht.

Nicht jedes Geräusch aus dem Hintern des Hegemons ist ein fröhlicher Furz; zuweilen handelt es sich auch um das Gekläff eines deutschen Transatlantikers.

Indem sie ihre Berichterstattung über die tägliche Verfolgung und Ermordung von Christen in muslimischen Ländern möglichst knapp halten, leisten die Medien einen wichtigen Beitrag zum Abbau der Islamophobie.

Strikte Loyalität ist immer eindrucksvoll, und wenn sie dem Teufel gilt.

Die christliche Kathedrale ist ein Ort der Unterdrückung und des Aberglaubens, während das befreite und aufgeklärte Menschtum im Media-Markt der Vernunft huldigt.

In gewissem Sinne ist es komisch, wenn der verweichlichte Spätrömer beteuert, er begegne dem Goten mit *Toleranz*.

Um sich als Historiker bei der Beschreibung des 20. Jahrhunderts nicht zu kompromittieren, bedarf es der entomologischen Unparteilichkeit und lakonischen Kühle eines Thukydides.

Der Linke erwachte schweißgebadet aus einem entsetzlichen Alpdruck; er hatte geträumt, die Welt sei vollkommen.

Bewundernswert am Protestantismus ist das Pfarrhaus als Brutstätte des Geistes und der Gelehrsamkeit über Generationen. Bewundernswert am Katholizismus ist, daß er es sich bis heute leisten kann, auf diesen Genpool zu verzichten.

Ich hänge meinen Atheismus nicht an die große Glocke. Ein Mensch, der seine Gottlosigkeit für eminent mitteilenswert hält, erscheint mir wie einer, der stolz darauf ist, keine Gedichte schreiben zu können.

Der moderne Autor ist heillos überfordert, wenn er das Mobiliar eines Zimmers in einem vornehmen Haus beschreiben soll.

Es gäbe vom Standpunkt der reinen Vitalität keinen Grund, dem „Kampf gegen Rechts" seine Anerkennung zu versagen, sollte er jemals in Unterzahl stattfinden.

Das Problem der meisten Atheisten besteht nicht darin, daß sie nicht an Gott glauben, sondern in dem Unsinn, an den sie stattdessen glauben.

Bach ist so wenig ein „Barock-Komponist" wie Asien ein Teil Chinas ist.

Das Leben Napoleons war so aufregend, daß dessen Schilderung auf 500 Seiten Platz findet, das Leben Helmut Kohls so langweilig, daß sein Biograph 1000 Seiten braucht.

Aus der Perspektive gewisser zugereister Unterweltler ist Deutschland eine Hure, die für ihre Dienste obendrein noch bezahlt.

Auf den ersten Blick ist es inzwischen kaum mehr möglich zu unterscheiden, ob man es mit der Webseite einer Künstlerin oder doch mit einem Escort-Service zu tun hat.

Manchen im Busch lebenden Primitiven ist es verboten, spezielle Tiere zu essen oder Früchte an der vermeintlich falschen Seite anzuschneiden. Gewissen in Universitäten und Redaktionen lebenden Primitiven ist es verboten, ein mörderisches Ereignis aus ihrer Stammesgeschichte mit mörderischen Ereignissen in der Geschichte anderer Stämme zu vergleichen.

Der moderne Mensch leidet weniger mit als vielmehr selbst; wenn er nach humanitärer Hilfe, Sozialleistungen oder Analgetika ruft, bezweckt er nicht primär die Schonung der Leidenden, sondern seines eigenen sensiblen Gemüts.

Anfang September 1492 bedauerte Christoph Kolumbus, nicht rechtzeitig eine Reiserücktrittsversicherung abgeschlossen zu haben.

Am perversesten findet der Perverse den Zölibat.

Noch vor dem Sturmgewehr lernt der Bundes-wehr-Rekrut die Nazikeule kennen.

Als die Diskriminierung abzuflauen begann, tauchte der Begriff auf; als sie nahezu ver-schwunden war, befand er sich in aller Munde. Nun konnte sie ihre Karriere neu beginnen.

Immerhin über den inzwischen erreichten Stand der pränatalen Eugenik würden sich die Natio-nalsozialisten freuen.

Es ist nahezu vergnüglich, mit einem Linken über Politik zu sprechen, wenn man sich zuvor seine Ansichten über Literatur oder Bildende Kunst anhören mußte.

Womöglich ist der Ungläubige nur eine lustige Person, die zwischen den Zeilen zukünftiger Kirchengeschichten umherirrlichtert.

Nachdem sich unter den Vandalen herumge-sprochen hatte, welch großzügige Sozialleistun-gen man ihnen gewähre, plünderten sie Rom am Ende doch.

Auch im Meinungsstreit erkennt man den Ab-schaum daran, daß er Cliquen bildet und auf Liegende eintritt.

Als hoffnungslos rückständig gilt es, seine Verfehlungen diskret einem Geistlichen anzuvertrauen, als völlkommen zeitgemäß dagegen, sie in einem Boulevardmedium publik zu machen.

Den meisten Menschen, die sich in unserem Weltteil für diskriminiert erklären, mangelt es bloß an Schamgefühl.

Der Pazifismus ist erst dann eine Tugend, wenn er buchstäblich vor Gewehrläufen stattfindet.

Was Historiker über die Wehrmachtssoldaten schreiben, ist uninteressant verglichen damit, was in Rußland und Übersee von den Enkeln der Männer weitergeraunt wird, die gegen sie kämpfen mußten.

Da wir nicht wissen, warum überhaupt etwas ist, können wir auch nicht behaupten, daß irgendetwas notwendigerweise sei.

Der Unterschied zwischen einer Neonazi-Bande und einer Migranten-Gang entspricht ungefähr dem zwischen einer Nachhut und einer Vorhut.

Nachdem er in seiner neuesten Vernissage weder Fäkalien noch Müll zur Schau gestellt hatte, geriet der Künstler in den Ruch der Konzeptlosigkeit und des Konservatismus.

Die tägliche Zeitungslektüre gleicht einer Zug-
fahrt durch endlose, immergleiche, triste Vor-
orte, die sich um eine Stadt geschlossen haben,
die nicht mehr existiert.

Der Duktus des marxistischen Historikers, der
die Geschichte auf ihr Ziel hin enträtselt zu haben meint, hat längst auch die liberale Historio-
graphie verdorben.

Es gibt gewiß gute Gründe, die demokratische
Tyrannei der aristokratischen vorzuziehen, aber
keiner davon ist amüsant.

Der Schreck fuhr dem kleinen Modernski in alle
Glieder, als er bemerkte, daß die Herde schon
wieder weitergezogen war.

Der ideale Historiker arbeitet, als studiere und
beschriebe er die Geschichte einer anderen Gattung.

Ein Emanzipationskollektiv von echtem Schrot
und Korn hält sogar den Ekel, den es auslöst,
für Diskriminierung.

Die ultimative Geschichte Europas wird wohl
ein Asiate schreiben.

Nichts irritiert den Demokraten mehr als der
Hinweis auf die zuweilen erstaunlichen indivi-

duellen Freiheiten unter der Herrschaft von Monarchen.

Eine kinderlose Frau, die Lebensratgeber für ihre Geschlechtsgenossinnen schreibt, ist so glaubwürdig wie ein Wehrdienstverweigerer, der Empfehlungen für das Verhalten im Gefecht ausspricht.

Die Einbildung, Träger irgendeines Fortschritts zu sein, ersetzt für gewöhnlich die Persönlichkeit.

Evolutionsbiologisch betrachtet ist die Frau in ihrer jetzigen Gestalt ein Produkt des männlichen Begehrens. Es wird Zeit, daß die Lesben sich dafür bedanken.

Gott ist Biologist.

Persönlichkeit ist, was nach Abzug sämtlicher statistisch erfaßbaren Größen von einem Menschen bleibt.

Die Leute wundern sich, daß ein Flügel so viel kostet wie ein Auto, aber niemals umgekehrt.

Nach der Etablierung von „Kiezdeutsch" als allseits akklamierter Kulturbereicherung schauen wir vorfreudig der nunmehr fälligen „Kiezmathematik" entgegen.

Prokrustes war der erste Soziologe.

Ein repräsentatives Produkt der unterdrückten Homosexualität ist *À la recherche du temps perdu*, eines der befreiten der Christopher Street Day.

Blasphemie gegenüber einer Religion, die weder herrscht noch mit Konsequenzen droht: ein unendliches Betätigungsfeld der Wichte.

Auch in der Philosophie sind die Worte aus Erde und Stein von Begriffen aus Plastik und Gummi abgelöst worden.

Die Eumeniden lächeln, wenn der Mob ins Büro des linken Gesellschaftstheoretikers eindringt.

Die Praxisorientierung ist der Hebel, mit dessen Hilfe man den Studenten aus der Universität herauslösen und in die Nutztierproduktion einbetten kann.

Welchen Gegenstand ein Buch behandelt ist zweitrangig verglichen damit, auf welche Weise es ihn behandelt.

Die Architekturkatastrophe hat der Naturkatastrophe den Rang abgelaufen.

Liberal nennt man jene Gesellschaften, die binnen weniger Generationen Platz machen für weniger liberale Völker.

Die Verbrechen der Nationalsozialisten sind eine Nuance weniger unvergleichbar als die Neigung deutscher Nachgeborener, sich unausgesetzt in ihnen zu suhlen.

Ein gedopter Sportler ist immer noch ein besseres Vorbild als ein koksender Rapper.

Die spannenden Bücher langweilen am meisten.

Der Reaktionär knüpft seine Hoffnungen an zwei Exekutionen: die des Heilands – und jene Robespierres.

Lieber in einer Kate in Sichtweite eines Schlosses wohnen als im Sozialbau in Sichtweite weiterer Sozialbauten.

Wenn sich jemand offen undankbar benimmt, kann man immerhin davon ausgehen, daß er nicht heimlich etwas gegen einen im Schilde führt.

Die Gefährlichkeit einer rechtsextremistischen Veranstaltung bemißt sich an der Anzahl der in ihrem Verlauf von Linksextremisten verletzten Personen.

Merke: Die Nazis haben *geraubt*, die Kommunisten bloß *enteignet*.

Der kommentierende Journalist ist ein Medium, das sich einbildet, selber zu reden.

Der Ungläubige betrachtet einen x-beliebigen religiösen Ritus zunächst mit Unverständnis, dann mit Spott, zuletzt mit Beschämung.

Die moderne Welt besteht aus Millionen Menschen, die sich benachteiligt fühlen, und niemandem, der sie unterdrückt.

Unter streitenden Historikern hat stets der recht, der für ein historisches Ereignis mehr Ursachen anzubieten weiß als die anderen.

Die Parodie ist oft nur der Weg, mit seiner Ergriffenheit fertigzuwerden.

Für die großen Texte ist es besser, sie werden verbrannt als von Journalisten gelobt.

Nichts ist interessanter als der Mensch, nichts langweiliger als die Menschheit.

Die Reformierung einer ehrwürdigen Institution hat in der Regel zur Folge, daß sie schneller veraltet.

Wer so kleinlich ist, immer die Wahrheit sagen zu wollen, begibt sich des Hochgenusses, den eitlen Dummkopf im warmen Regen falscher Komplimente aufblühen zu sehen.

High Noon auf deutsch: Wer als erster „Nazi!" ruft, hat gewonnen.

Man darf keinen Unterschied machen in der Verachtung der Spießeridylle und ihrer Verächter.

Die physikalische Formel ist ein anderer Ausdruck des Mysteriums.

Um sich ein besseres Sozialprestige zu verschaffen, führten die Räuber als erstes eine Frauenquote ein.

Daß keine seiner Inszenierungen eine *unauslöschliche Spur* hinterließ, ist das beste, was sich inzwischen über einen Bühnenregisseur sagen läßt.

„1984" war ein Zwischenschritt in die „Brave New World".

Mancher hält für Fortschritt, was bloß Anschwärzung der Vergangenheit ist.

Aus den hiesigen Debatten kann das Publikum einzig lernen, worüber künftig nicht mehr debattiert werden darf.

Keine Staatsform legt weniger Wert aufs Repräsentieren als die repräsentative Demokratie.

Ob es irgendwo auf dieser Erde einen Linken gibt, dem seine politische Verortung Gewissensnöte bereitet?

Verglichen mit dem Dasein zum Beispiel einer Bäuerin des 19. Jahrhunderts führt der westliche Metropolenbewohner der Gegenwart ein merkwürdig rechtfertigungsbedürftiges Leben.

Der zeitgenössische „Antifaschist" benötigt den Faschisten gar nicht, denn er trägt ihn in sich.

Fast alle Meinungen sind taktischer Natur. Erst wer sicher ist, daß er auf seiner Ansicht auch dann beharren würde, wenn sämtliche Menschen, von denen er Kunde hat, exakt der gegenteiligen Ansicht wären, darf von sich behaupten, er selber meine.

Man muß, um der Güte willen, den Begriff Gutmensch präzisieren in: Bessermensch.

So wie die Scholastik im Mittelalter Gottesbeweise ersann, sollte die Politikwissenschaft allmählich über Demokratiebeweise nachdenken. Daß in regelmäßigen Abständen Menschen zur Wahl gehen, beweist jedenfalls die Existenz einer Demokratie so wenig wie die Tatsache, daß Menschen zum Gottesdienst gehen, die Existenz Gottes.

Wenn überall nur noch Befreite leben, welche Lust muß da der Sklavenstand sein!

Der jeweilige Zeitgeschmack ist die Schlacke in den Kunstwerken; mit abnehmendem Verunreinigungsgrad wächst ihre Beständigkeit.

Die Gegenwart hat einen völlig neuen Typus produziert: das prahlende Opfer.

Wer errötet, beweist einen erschütternden Mangel an Modernität.

Die „Theorie des kommunikativen Handelns" ist ein Vorschlag des Beutetiers an den Jäger.

Der Klassenbeste ist vorbestraft, und die schlechteren Schüler reiben es ihm bei Bedarf unter die Nase, damit er ihnen pumpt und hilft: Europa.

Schriebe Klio eine Geschichte des Nationalsozialismus, sie begänne mit dem Dreißigjährigen Krieg.

Nach Auffassung des Linksintellektuellen und seines journalistischen Milchbruders hat die Demokratie versagt, wenn sie keine linken Mehrheiten produziert.

Stellen Sie sich vor: Dieser Autor ist sexistisch, rassistisch und reaktionär! – Tatsächlich! Aber schreibt er denn auch schön?

Seiner Schwärmerei für fremde Kulturen kam enorm entgegen, daß ihm jede Kultur fremd war.

Nationalcharakter ist das, wovon man an verschiedenen Orten mehr oder weniger unbefangen reden kann, je nach Nationalcharakter.

Auf eine Frau eifersüchtig zu sein, mit der man bereits geschlafen hat, ist übertrieben.

Der Linke ist aufs Äußerste irritiert, wenn er an einen zufriedenen Menschen gerät, der sich von ihm weder aufstacheln noch ein schlechtes Gewissen einreden lassen will.

Ein schwarzer Jesus, wie gelegentlich „provokativ" inszeniert, ist für einen weißen Christen vollkommen akzeptabel, doch auf einen Schwarzen mit Distinktion muß die Sache als peinliche Vordrängelei wirken.

Die Geschichtsschreibung in der bürgerlichen Epoche wurde im wesentlichen von Anwälten betrieben; heute haben sich die Ankläger durchgesetzt.

Solange die eigenen Großtaten sich in der Rückschau noch in Peinlichkeiten verwandeln können, bleibt auch die Zukunft spannend.

Man erkennt den zur Demokratie bekehrten Linken daran, daß er nunmehr nach Nichtdemokraten fahndet und Kriterien für deren Ächtung formuliert.

Schande über seine Familie bringen, dergleichen ist heutzutage, wo jeder Charakterdefekt seine sozialkitschige Erklärung findet, kaum mehr möglich; weder durch Feigheit, Geiz oder Gier, schlechte Manieren, sexuelle Abartigkeit, Schamlosigkeit oder die Verübung von Straftaten will es gelingen; einzig die Mitgliedschaft in einer Rechtspartei mag den gesunkenen Ansprüchen in puncto Schändlichkeit zuweilen noch genügen.

Wie ich lese, hat die Anzahl meiner Zellengenossen inzwischen sieben Milliarden überstiegen.

Die einen sagen, Gott existiere, die anderen, er sei eine Erfindung des Menschen. Ich glaube weder das eine noch das andere.

Mit dem *Ancien Régime* hatte Europa sein sexuelles „1968" längst hinter sich.

Der deutsche Gegenwartsschauspieler könnte den Napoleon geben, Nero oder Joseph Goebbels, seine Mimik brächte doch zum Ausdruck, daß er nach Dienstschluß wieder fest auf dem Boden des Grundgesetzes steht.

Ob es in den Opern Richard Wagners Judenkarikaturen gibt, ist umstritten. Bis zur Unerwähntheit unbestritten sind zugleich die dort versammelten Arierkarikaturen.

Nichts macht den linken Pädagogen rasender als der ewige Triumph der Begabung über den guten Willen.

„Burn out", das paßt allenfalls auf Dresden im Februar 1945.

Es ist nur folgerichtig, daß die schleichende Privilegierung der Frauen mit ihrer überlegenen sozialen Intelligenz letztbegründet wird; die andere ist ja halbwegs meßbar.

Wer keinen Geist besitzt, kann sich immerhin noch am Geist anderer erfreuen, das heißt: sofern er vornehm genug dafür ist.

Im Wort „Ausländerfeindlichkeit" manifestiert sich die aktuelle und wohl zugleich finale Form deutscher Selbstüberschätzung. „Integration" wiederum ist die zeitgemäße Version der „Wunderwaffe". Aber wer will sich schon integrieren in eine sich selbst verachtende, durchmemmte, unstolze, aussterbewillige Gesellschaft?

Man soll die schönen Frauen, die sich mit Showstars oder TV-Kaspern einlassen, darum nicht gleich geringschätzen; wenn deren Einkommen und Status es zuließen, stiegen sie nämlich sogar mit Philosophen ins Bett.

Wer ohne Kinder gelebt hat, hat nie in einen Spiegel geschaut.

Wie kann nur jemand ernsthaft darüber erstaunt sein, wenn eine Theorie *nicht* stimmt?

Krankenhäuser sind nicht dafür da, daß sich die Kranken, sondern daß sich die Gesunden besser fühlen.

Nichts kuriert eine Blamage gründlicher als die nächste.

Junge Frauen tragen Schmuck, um auf sich hinzuweisen, ältere, um von sich abzulenken.

Wer sein Denken reinigen will, muß sich zunächst von denen fernhalten, die ihm beipflichten.

Noch abstoßender als die völlige Mitleidlosigkeit sind die Bekundungen selektiven Mitleids.

Das Strafgesetzbuch des säkularen Staates ist eine verschämte Anerkennung der Erbsünde.

Mit dem Selbsthaß wie mit einem Zwillingsbruder aufgewachsen, lag die Meßlatte für ihn schließlich so hoch, daß er auch alle anderen mithassen mußte.

Sich schämen kann so schamlos sein.

Der „Forschungsstand" ist jener Wall, hinter welchem sich in den Geisteswissenschaften die Geistlosen verschanzen.

Daß rechtes Gedankengut in die Mitte der Gesellschaft eindringe, ist ein gewaltiges Ärgernis derer, die dort schon lange und unbehelligt ihr linkes Gedankengut verbreiten.

Nihilismus verträgt sich schlecht mit dem Bekenntnis dazu.

Es ist das skurrilste Kapitel der Gattungsgeschichte, daß sich die aus Bequemlichkeitsgier und Schmerzscheu sukzessive Aussterbenden den vitalen Altvorderen moralisch überlegen fühlen.

Die einzige „Top Location", die ich kenne, ist der Mastkorb.

Man darf Kunst heutzutage ganz unbefangen als minderwertig bezeichnen; sie muß nur aus der Nazizeit stammen.

Steve Jobs kann nicht in der Hölle schmoren, weil er zu ihren Ausstattern gehört.

Einst galt es als Rassismus, wenn jemand sagte, schwarz sei schlecht. Heute handelt es sich bereits um Rassismus, wenn einem auffällt, daß schwarz schwarz ist.

In Abwandlung von Heideggers berühmter Aristoteles-Kurzbiographie: Adorno wurde geboren, jammerte und starb.

Peinlich berührt senken die Musen den Blick, wenn die Rede auf die *Botschaft* des Künstlers kommt.

Verglichen mit den „Wutbürgern" war der Volkssturm ein Aufgebot von Prätorianern.

Atheist sein, das hieße, Bach zu unterbreiten, er habe sein gesamtes Werk an die falsche Adresse gerichtet.

Die erste Voraussetzung für die sogenannte Entrümpelung der Klassiker ist anscheinend möglichst viel Gerümpel auf der Bühne.

Das Erlebenswerte ist selten erzählenswert.

Vermutlich haben auch die Bomberpiloten in der Schule von den Grausamkeiten des Mittelalters gehört.

Der gesunde Menschenverstand lehrt, daß man nicht allzusehr mit ihm rechnen sollte.

Wenn der moderne Historiker den Begriff „Kadavergehorsam" verwendet, wird es sich wohl um einen besonders mutigen Truppenteil gehandelt haben.

Man redet derzeit viel über Schwarmintelligenz; der Normalfall lautet aber immer noch: Schwarmblödheit.

Wenn es über einen Künstler heißt, er sei ein „Rebell" gewesen oder ein „Provokateur", darf man getrost davon ausgehen, daß er weder sein Handwerk beherrschte noch etwas ästhetisch Relevantes mitzuteilen hatte.

Verflucht sei, wer *aufrechnet*. Aber verflucht sei nicht minder, wer *verschweigt*.

Ein mit Begabung geschilderter Stromausfall ist aufregender als ein talentlos beschriebenes Erdbeben.

Auch kulturell gilt der Entropiesatz: Hochkulturen können sich in Massenkulturen verwandeln; ein umgekehrter Prozeß ist ausgeschlossen.

Erst mit seinen persönlichen Intrigen und Mauscheleien hat Jürgen Habermas dem Totenschädel seiner Theorie ein blühendes menschliches Antlitz verliehen.

Menschenwürdige Zustände, das kann nur heißen: Zustände, in denen die Menschenwürde nicht auf die Probe gestellt wird.

Eine erdrückende Minderheit der Deutschen lehnt die Sarrazin-Thesen ab.

Wenn der Gegenwartsbesiedler einem Gedankengang nicht folgen kann, zieht er dem Autor auf *Amazon* zur Strafe drei Punkte ab.

Daß alle Menschen gleich groß sein sollten, ist ein alter Traum der Zwerge.

Der vor dem Gott, an den er nicht glaubt, auf die Knie geht, hat alles begriffen.

Soziale Isolation ist das Zusammengeschlagen-werden auf Raten.

Leider verwehrt einem die Zeitgenossenschaft, zu erleben, wie den Winkler und Wehler das Schicksal der Treitschke und Gervinus wider-fährt, aber in dieser heiteren Gewißheit soll man sie lesen.

Während andere Sprachen bloß in ihrer Exi-stenz bedroht sind, ist es das Englische in seiner Substanz.

Der Begriff „Entrüstung" belehrt uns, wie distinkt dieser Affekt einst verstanden wurde; heute, im Zeitalter der egalitär Empörten, müß-te er eher „Aufrüstung" heißen.

Menschenrechtsverletzungen, so der neue Kate-chismus, sind dringend geboten zum Schutz der Menschenrechte.

Der Schlachtruf des Feminismus: Arbeit macht frei.

Hat der Linke erst einmal die Diskurshoheit er-langt, bilden andere Ansichten nurmehr noch den Inhalt seiner Steckbriefe.

Immer mehr Schmeißfliegen wehren sich gegen Vergleiche mit Journalisten.

Gender-Mainstreaming ist die Lehre, daß man im Meer klettern und auf Bergen schwimmen kann.

Die Abtreibungskliniken sind die Kathedralen des Feminismus.

Der imposante Weg des westlichen Mannes führte von der Entdeckung Amerikas zur Entdeckung seiner weiblichen Seite.

Nicht mehr an ein Gebet zu glauben, aber Wunschzettel in Wahlurnen zu werfen, zeugt auch nicht von Realitätssinn.

Die feministische Klage über Männergewalt gegen Frauen wäre deutlich kleinlauter, wenn nicht unzählige Männer diese Gewalt bekämpften.

Wozu jemandem in seiner Meinung beipflichten? Er hat sie doch schon.

In einer ehrenwerten Gesellschaft wird man eher wegen Geld oder wegen einer Frau umgebracht als wegen seiner politischen Ansichten verfemt.

Es ist der Kultur eines Landes abträglich, wenn zwar die durchschnittliche Bildung zunimmt, die der Eliten jedoch sinkt.

Letztlich ist die Zeit mit Kunstwerken vertan, mit denen man sich nicht abgeben würde, wenn man kaum noch Zeit hätte.

Obwohl ein Mann des Geistes, wurde sein Bedürfnis, den Hintern aus dem Dreck zu ziehen, am Ende so stark, daß er stattdessen den Kopf hineinsteckte.

Sollten wir jemals auf Außerirdische stoßen, dürfte eine der ersten Reaktionen der Grünen darin bestehen, den Begriff Menschheit für speziesistisch zu erklären.

Solange nicht irgendein Wissenschaftler behauptet, vorzeigbare Beweise für ihre Existenz gefunden zu haben, besteht kein Grund daran zu zweifeln, daß Abraham, Moses und Jesus Christus tatsächlich lebten.

Wie überzeugt der Fortschrittsmensch doch von seinem klugen Heute war, bevor es sich in ein dummes Gestern verwandelte.

Wenn es nach der derzeitigen universitären Mode geht, wird sich die Lektüre Prousts demnächst in der Frage erschöpfen, inwieweit sein

Werk die Unterdrückung von Homosexuellen und von Frauen während der Dritten Republik beschreibt.

Die Befürworter von Kreuzzügen im Namen der Demokratie verlangen von der Kirche, sie möge sich für die Kreuzzüge im Namen Christi entschuldigen.

Die moderne bildende Kunst ist von einzigartiger Qualität: Keinem ihrer Vertreter ist je ein mißratenes Werk unterlaufen.

Man sucht gute Umgangsformen meist bei denjenigen vergeblich, die von sich behaupten, eine bessere Gesellschaft schaffen zu wollen.

Wer die Zusammensetzung ihrer Gegner anschaut, kann den Geschmack der Katholischen Kirche nur bewundern.

Wenn man ein paar Seiten Habermas über Nacht in Zuckerwasser legt, erhält man am Morgen eine Käßmannsche Predigt.

Was ich zu gern läse: eine Studie über das Verhalten der Grünen unter einer Diktatur.

Die Verurteilung des diskriminierenden Rassismus gehört zur Geschichte der Zivilisation, die

Verurteilung des distinktiven Rassismus zur Geschichte der Heuchelei.

Ein „Tabubruch", der den Brecher nicht selber halb umbringt, ist keiner.

Die Ökumene ist das Gender-Mainstreaming der Kirchen.

Ohne seine zahlreichen männlichen Kollaborateure existierte der Feminismus heute nur im Lehrbuch der Psychologie.

Schwer vorstellbar, wenngleich eine amüsante Erwägung, daß eine Frau dem Achilles unterbreitet, seine Männlichkeit sei bloß *kulturell konstruiert*.

Die Begabungsunterschiede zwischen einzelnen Individuen vermag auch der entschiedenste Egalitarist nicht zu leugnen (er müßte sonst keiner sein), aber zwischen den Völkern und Rassen stellt sich durch das Walten wundersamer osmotischer Kräfte die völlige Befähigungsgleichheit ein.

Ein Mann, der sein Urteil über eine Frau auch nur im Geringsten davon abhängig macht, ob sie ihn erhört hat, erreicht den Gipfel der Vulgarität.

Zur *historischen Aufführungspraxis:* Es ist im Grunde einerlei, ob der Hörer der h-Moll-Messe das „Et incarnatus" und „Et resurrexit" auf zeitgenössischen oder modernen Instrumenten nicht mehr versteht.

Die zum Diskriminieren längst zu schwach sind, erklären sich für tolerant. Herrschte tatsächlich Diskriminierung, gäbe es keine Antidiskriminierungsgesetze.

Im Auswärtigen Amt läßt der amtierende Opportunist die Bilder der ehemaligen Opportunisten abhängen.

Man muß die Hervorbringung seiner *Bewältiger* wohl mit zu den Untaten des Nationalsozialismus zählen.

Wie zuletzt die Sarrazin-Debatte gezeigt hat, besteht die zentrale Mission der meinungsbildenden deutschen Medien darin, den Leuten ihre Alltagserfahrungen als untypisch auszureden.

Er möchte unsterblich werden. Sie wäre mit einem Eigenheim auch schon zufrieden.

Ein Mensch mit Distinktion macht einen Bogen um den Verein, der ihn wegen seiner Herkunft, seines Geschlechtes, seiner sexuellen Orientie-

rung nicht aufnehmen will. Der Emanzipations-
mensch ist so versessen auf seine Gleichheit, daß
er alle Welt damit belästigt und sich notfalls hin-
einklagt.

Seit 1789 sind die Weltgeschichte und ihr Lauf
dermaßen mit sozialer und egalitaristischer
Rhetorik durchtränkt worden, daß der heutige
Allerweltsdemokrat aus tiefer Überzeugung
von sich behaupten kann, er sei doch gar nicht
links.

Ein wesentlicher Grund für die vergleichsweise
Beliebtheit der modernen bildenden Kunst
dürfte darin liegen, daß deren Erzeugnisse es
dem Publikum erlauben, sofort und uneingeschränkt von sich selber zu reden.

Verblüfft stellt der Besucher einer orthodoxen
Messe fest, daß sich der Gott der Ostkirche
noch gar nicht seinen „individuellen Bedürfnis-
sen" angepaßt hat.

Ohne Kulturchauvinismus keine Kultur.

Jeder Gegenwartsroman belehrt uns darüber,
daß es über den Jetztmenschen viel zu erzählen,
aber der Nachwelt nichts zu überliefern gibt.

Nachdem ihre gesunden Instinkte die Frau davon abgehalten haben, sich dem männlichen

Horntier gleich ins Joch zu begeben, will man sie nun per Quote dazu zwingen.

Derweil sie „Gesicht zeigen gegen Rechts", senken sie furchtsam den Blick, wenn Ali und Achmed dräuen; derweil sie bekämpfen, was sich nicht wehren kann – tote Nazis, Kriegsgeneration, Katholische Kirche, Burschenschaften –, geht ihnen in der U-Bahn, der Diskothek und auf dem abendlichen Heimweg die Muffe vor Mustafa und Hassan.

Wie trefflich sich doch ein Mensch verachten läßt, nachdem man ihm unterstellt hat, seine Ansichten seien menschenverachtend!

Ein Surfbrett und ein Dummkopf üben eine magische Anziehungskraft aufeinander aus.

Die deutsche Nachkriegsgeschichtsschreibung wird zunehmend ein Fall für die Geschichtsschreibung.

Bach, Velázquez, Homer, Shakespeare, Proust: Was sind daneben schon Demokratie, Gott, der Klimawandel oder die Frauengleichstellung?

Der *deutsche Sonderweg* hat begonnen, als man anfing, ihn im Munde zu führen.

Nur wo Eliten fehlen, bekommt der Begriff elitär einen Hautgout.

Mit dialektischer Notwendigkeit verschwand schließlich auch die Dialektik.

Gerührt lächelt der deutsche Christdemokrat, wenn der Linke ihn lobt.

Je länger das Dritte Reich zurückliegt, desto mehr Hakenkreuze zieren die Bayreuther Festspiele.

Erstaunlich, mit welch einfältigen Worten deutsche Politiker die kulturelle Vielfalt beschwören.

Die historisch endaufgeklärten Deutschen wollen die Schrecken des 20. Jahrhunderts nicht nur angerichtet, sondern auch noch verursacht haben.

Es ist jedesmal von Neuem ein absurder Versuch, innerhalb der Grenzen der Meinungsfreiheit über die Grenzen der Meinungsfreiheit zu schreiben.

Aus der Dialektik der Aufklärung: Sie arbeitet immer länger, um sich immer bessere Kinderbetreuung leisten zu können.

Die Nachkriegsdeutschen haben die landesübliche Tüchtigkeit erweitert um das Strebertum im Besiegtsein.

Verfassungspatriotismus: Erst stirbt der Patriotismus, dann die Verfassung.

Der gymnasiale Stundenplan im Traum des Progressiven: Landessprache (jeweilige); Freie Orthographie; Geschlechtergerechte Mathematik; Gender- und Transsexualitätskunde; Soziale Gerechtigkeitslehre; Emanzipationsgeschichte; Deutsche Verbrechenskunde (früher: Geschichte); Erderwärmungslehre; Demokratische Rhetorik; Dritte-Welt-Kunde; Antidiskriminierung (früher: Ethik); Multikulturelles Basteln (früher: Kunst).

Es gibt kaum ein größeres Vergnügen, als die Apokalypse anzukündigen; es ist so groß, daß man sie dafür beinahe in Kauf nehmen würde.

Die Frage, inwieweit Intelligenz erblich sei, beantwortet trefflich die Bayreuther Familie Wagner; speziell der Progreß von der Niederschrift der „Meistersinger" durch den Uropa bis hin zur Inszenierung derselben durch die Urenkelin.

„Also mich hätte bei den Nazis vor allem der Konformitätsdruck abgestoßen", sagte er, bevor er sich bei Facebook einloggte.

Die Konstanz völkischen Denkens bei den extremen Rechten korreliert aufs Drolligste mit der Konstanz der völkischen Mentalität bei den Kämpfern „gegen Rechts".

Wo die Individualität blüht, welkt die Persönlichkeit.

Lieber im Unrecht als in irgendeiner Meute.

Was für eine elende Kultur, wo die Frau hinter dem Mann zu gehen hat.

„Bildungsferne Familien" heißt ein neuer deutscher Euphemismus für die Plebs, aber bildungsfern ist auch jeder zweite Politikerhaushalt.

Bei Proust lernt man mehr über das Leben, als wenn man es selber lebt.

Es scheint ein Zusammenhang zu bestehen zwischen der Unfähigkeit zum Denken und dem Interesse an dessen Funktionsweise.

„Der lange Weg nach Westen": So stellt sich der deutsche Geschichtsprofessor inzwischen die Vorsehung vor.

Ausgewogenheit ist die Tugend der Lauen. Kein bedeutender Mensch urteilt ausgewogen.

Dem gewaltigsten Kollektivierungsprozeß der bisherigen Geschichte haben Soziologen den Namen Individualisierung gegeben.

Kulturpessimismus ist keineswegs eine *politische Gefahr*, wie gewisse alte bundesrepublikanische Tanten behaupten – politische Gefahr pflegt in aller Regel von Politikern auszugehen –, sondern ein dem Kotzen nicht nur physiologisch verwandter Reflex von ein paar übriggebliebenen Kultivierten.

Keine Mutter glaubt an die „Gleichheit der Geschlechter", keine Ehefrau an die „Herrschaft des Mannes".

Sobald eine Person zum Abschuß freigegeben ist, wird auch die Regionalpresse mutig.

Man stelle sich vor, wie die Gewaltstatistik in die Höhe schnellen würde, wenn die Frauen plötzlich den Männern körperlich überlegen wären.

Eines der sinnfälligsten Ergebnisse der Wiedervereinigung: Die „Aktuelle Kamera" dauert nur noch eine Viertelstunde.

Religiosität ist jener siebte Sinn, mit welchem der Mensch seine Winzigkeit und Verlorenheit wahrnimmt. Sie wird alle Götter überleben.

Auch der phantasielose Mensch hat gemeinhin sehr phantasievolle Vorstellungen vom Glück der anderen.

Gott ist eine Metapher, gewiß, aber wir wissen nicht, wofür.

Je mehr Zeit und Interesse jemand in ein Kunstwerk investiert, desto mehr erhält er zurück. Sollte dieser Satz nicht zutreffen, handelt es sich nicht um ein Kunstwerk.

Da bin ich aber altgierig!

Ein wirklicher Moralist wird erst, wem das Leben die philanthropischen Zähne gezogen hat.

Indem er die Untat schlichtweg bestreitet, bewegt sich der Holocaust-Leugner immer noch im Kraftfeld der traditionellen Moral. Die trostlosen Figuren mit ihren „Bomber Harris, do it again!"-Plakaten haben sie hinter sich gelassen und unmittelbar zu den Nazis aufgeschlossen.

Wie lächerlich, aus bloßer Parteidisziplin auch gegen den fähigen Kandidaten des Gegners zu stimmen.

Man kann mit dem Wort Auschwitz im Kontext Bundesrepublik keinen wirklich sinnvollen Satz bilden: Es kommt entweder eine Trivialität oder eine Obszönität heraus.

Ein Thema ausdiskutieren ist plebejisch. Ein Mensch mit Geschmack wechselt es rechtzeitig.

Sie haben jedenfalls ihre Lehrstühle aus der Geschichte gezogen.

Das Niedersinken am Kreuz, welches Nietzsche an Wagner so verzweifelt rügte, hat viel gemein mit dem Nachgeben gegenüber dem Druck des aktuellen Zeitgeistes. Warum nicht das Knie beugen und das Mantra mitmurmeln: Alle Menschen sind gleich, es gibt keine Plebs, Genie ist ein Mythos, keine Kultur ist der anderen überlegen, die Demokratie ist das Endziel der Geschichte, der Holocaust kann mit keinem anderen Verbrechen verglichen werden, der Kommunismus war wenigstens gut gemeint, der Geschlechtsunterschied ist ein soziales Konstrukt, Gewalt löst keine Probleme, Verbrechen haben ausschließlich soziale Ursachen, die Klassiker waren Rassisten, Sexisten, Nationalisten und „Wegbereiter" und die deutsche Geschichte bis 1945 ein Irrweg ...

Sie bekämpfen den Führer mit einer Inbrunst, als wenn er es noch persönlich angeordnet hätte.

Wer die Unfreiheit beklagt, verbreitet sie nolens volens. „Ich weiß, es ist nicht politisch korrekt, das zu sagen..." - so redet der geistig Kolonisierte. Wer die Politische Korrektheit auch nur erwähnt, ist schon ihr Komplize.

Nachdem sie den Mann verteufelt, geschwächt und entnervt hat, wird die westliche Frau wohl noch hinreichend Gelegenheit für die Feststellung bekommen, daß sie auch keinen Verteidiger mehr besitzt.

Daß der Holocaust das schlimmste aller Verbrechen sei, ist, soweit ich's übersehe, der letzte von einer großen Zahl moderner Menschen akzeptierte anti-egalitäre Gedanke.

Ob man Linker oder Rechter, Kommunist, Liberaler oder Monarchist wird, entscheidet der biographische Zufall. Ob man zu den „Barabbas!"-Schreiern gehört, entscheidet der Charakter.

Der Habermas'sche Diskurs ist eine Art öffentliches Dessert; der Hauptgang wurde bereits

hinter den verschlossenen Türen der Vorver-
ständigung verspeist.

Eben weil der Mensch nicht unsterblich ist, sollte er vor allem die Unsterblichen lesen.

Der Weg zum Kunstgeschmack führt über die
Einsicht in die Zweitrangigkeit subjektiven
Empfindens.

Ein Arzt, der erklärt, seine Therapie wirke aus
diesen und jenen Gründen, verdient nicht mehr
Vertrauen als sein Kollege, der versichert, seine
Behandlung wirke erfahrungsgemäß, er habe
aber keine Ahnung, warum.

Der Eintritt ins nachkulturelle Zeitalter ist voll-
zogen, wenn sich die Luxusvorstellungen eines
Staatschefs von denen eines Rappers nicht mehr
unterscheiden.

Gemeinhin fühlt sich der Autor nach der Lektüre einer Rezension beschmutzt.

Wer *kommuniziert*, hat nichts zu sagen.

Wir gehören zur Religionsgemeinschaft der
Sieben-Tags-Mülltrenner.

Multitaskingfähigkeit ist ein mentaler Schnuller
für diejenigen, die zu fahrig sind, eine Gleichung

dritten Grades zu lösen oder dem Gedankengang eines Philosophen zu folgen.

Irgendwann ist der Zeitpunkt erreicht, wo einen
der Gedanke befällt, bis hierher so viel Falsches
und Peinliches getan, so viel Unsinn geredet, so
viel Entscheidendes versäumt zu haben, daß es
in diesem einen Leben nie mehr wettzumachen
ist. Wenn man dann versucht, es dennoch wettzumachen, beginnt der interessantere Teil des-
selben.

„Wer immer strebend sich bemüht", heißt es
göttlicherseits im Faust, „den können wir erlö-
sen." Und wenn auch nur von seinen Bemühun-
gen.

„Teamwork" ist die Volksgemeinschaft in
Modulform.

Vermutlich besteht die einzige Möglichkeit,
heutzutage Distinktion zu zeigen, im völligen
Verzicht auf Sex.

Wer die Reaktion eines Sklaven studieren möchte, frage einen festangestellten deutschen Historiker coram publico, zu welchem Zweck Stalin
im Sommer 1941 die größte Armee aller Zeiten
an der deutsch-sowjetischen Grenze hat auf-
marschieren lassen.

Wenn eines fernen Tages die Menschheit ausgestorben sein wird, hat die Evolutionstheorie bestimmt eine plausible Erklärung dafür. Jammerschade, daß sie dann niemand niederschreibt.

Der vollendete Ausdruck einer vitalen Demokratie ist eine Schlägerei im Parlament.

Das menschliche Gehirn hätte sich ohne die biologische Zweiheit der Geschlechter niemals so weit entwickelt, daß es sogar Theorien wie jene ersinnen konnte, diese Zweiheit sei ein „soziales Konstrukt".

Der Kritiker, der ein 1000-Seiten-Werk rezensiert, lobt oder beklagt immer sein Gesäß mit.

Daß einer ein Relativierer sei, lautet ein Lieblingsvorwurf derer, die sich durchs Verabsolutieren Pöstchen und Häuschen ergaunert haben.

Am Tod einer Kadettin sind immer Männer schuld. Soviel Ritterlichkeit muß sein.

Warum sollte ich ihn mit Geringschätzung behandeln? Er ist doch nichts Besonderes.

Der Professor war an seiner Theorie erblindet.

Wenn vor 25 Jahren eine „Salome" gegeben wurde, dachte man mit Grausen an den Striptease der Titelfigur und freute sich auf ihren Gesang. Heute verhält es sich meistens umgekehrt.

Der junge Historiker hatte in Deutschland Neuere Geschichte und Hektorschleiferei studiert.

Durch ein Kreuz bei den Grünen verwandelt sich für viele der Wahlschein in einen Ablaßzettel.

Es gibt Leute, die verzeihen einem das Talent nie.

„Beautiful females work less", bilanziert eine Studie. Mit anderen Worten: Väter in Elternzeit haben selten Frauen, auf die andere Männer scharf sind.

Um die Diktatur einer Partei für die Zukunft auszuschließen, wurde in der Bundesrepublik die Mehrparteiendiktatur eingeführt.

Einer populären Erklärung zufolge haben viele geniale Künstler zeitlebens wenig Anerkennung erfahren, weil sie ihrer Zeit voraus gewesen seien. Tatsächlich wird es sich meist wohl so verhalten haben, daß der Neid der üblicherweise dominierenden Mittelmäßigen jene Bewunderung verhinderte, die sich post mortem dann desto reichlicher zollen ließ, weil man Tote nicht mehr beneiden muß.

„Wir waren Nazis", sagte eine alte Frau zu mir, „weil Hitler uns Arbeit gegeben hat." – Das sei heute noch so, erklärte ich ihr, nur seien die Leute inzwischen Antinazis.

Tag für Tag begibt sich der Linksintellektuelle auf die Suche nach den sozialen Ursachen des Schicksals.

Der Populist personifiziert das Mißtrauen des Demokraten gegenüber der Demokratie.

Der Alptraum des Sozialpolitikers: ein Volk von selbständig Beschäftigten. Aber dann würde er die Sozialfälle eben importieren.

Der Feminismus müßte eigentlich Maskulismus heißen.

Man kann nicht oft genug darauf hinweisen, daß der Präger des Begriffes *Gender* ein Arzt war, der eine operative Geschlechtsumwandlung an einem Jungen vonahm und diesen damit schließlich in den Selbstmord trieb.

Zu den Basalmythen der Demokratie gehört, daß es sie gibt.

Ein Börsenexperte, der sein Geld damit verdient, als Börsenexperte aufzutreten, wirkt nicht sehr glaubwürdig.

Die Klage über schlechte Manieren ist bereits ein Bestandteil derselben.

Der Mann grämt sich, daß er seiner Geliebten nicht jeden körperlichen Schmerz abnehmen kann, möglichst noch den des Gebärens. Der Frau sind solche Erwägungen völlig fremd.

Die Einlassungen eines Nichtkatholiken über die Moralauffassungen des Papstes sind ungefähr so bedeutend, als wenn sich der Papst über die Trainingsmethoden des AC Mailand äußerte.

Die Aussage, daß man mit dem Hinweis auf die Verbrechen Hitlers jene Stalins oder Mao Tsetungs relativiere, hat man merkwürdigerweise noch nicht gehört.

Es ist bezeichnend für den herrschenden Egalitarismus, daß sogar gebildete Leute die Formulierung benutzen, bei der alten katholischen Messe kehre der Priester der Gemeinde den Rücken zu. Tatsächlich wendet er sich zu Gott.

Das landsknechtsnahe Verhalten der männlichen Darsteller in gewissen harten Pornos sei eine Reaktion auf die weibliche Emanzipation und gelte stellvertretend der starken Frau, meinen Feministinnen. Womöglich handelt es sich aber bloß um eine Reaktion auf das Verschwinden der Dame.

Was Wikipedia von einem alten Konversationslexikon unterscheidet, ist die traurige Gewißheit, daß man dort nie auf einen elegant formulierten Satz stoßen wird.

Es ist kaum mehr vorstellbar, aber die meiste Zeit haben die Menschen ohne politische Rhetorik gelebt; sie ist einfach aufgekommen wie der Straßenlärm, und mit ihr die Ansicht, daß erst ihre Politisierung die Dinge ins rechte Licht rücke.

Wer sich um die Rettung der Welt oder das Geschick der Menschheit sorgt, hat selten noch Zeit für seine Nächsten.

Bodentruppen und Luftwaffe sind gute Argumente zur Durchsetzung demokratischer Verhältnisse in störrischen Staaten, aber sie sind nichts verglichen mit sexueller Freizügigkeit und Pornographie.

In Diktaturen wird die Presse zensiert. In Demokratien zensiert sie gern selber.

„Das Weib schweige in der Gemeinde" – man muß sich, beim frühchristlichen Frauenüberschuß, diesen Paulus-Satz nicht als herrische Anweisung, sondern als genervten Seufzer vorstellen.

Was anscheinend kein deutscher Politiker kann: eine mitreißende Rede halten, sich elegant kleiden, einen literarisch wertvollen Absatz schreiben, eine Affäre mit einem Star beginnen, ohne den Beifall irgendeiner Menge Befehle erteilen.

Lob ist nicht nur deswegen schwer erträglich, weil der Lobende sich, wie Goethe anmerkt, dem Gelobten gleichzustellen versucht, sondern weil er obendrein noch eine gewisse Dankbarkeit einfordert (die Verbeugung vor dem Publikum hat immer etwas Demütigendes). Dagegen irritieren der Tadel oder die Kritik wenig, denn sie bedeuten keinerlei Verbindlichkeit, und daß ihn irgendwer nicht mag, ist einem Menschen von Geschmack oft sogar angenehm.

Verglichen mit der These vom *deutschen Sonderweg* und dessen glücklichem Ende im Westen nimmt sich die marxistische Geschichtsmythologie richtiggehend geistreich aus.

Emanzipation nach unten: Gleiche Rechte! Emanzipation nach oben: Gleiche Pflichten!

Wie kolossal muß der Beginn des „Weihnachts-oratoriums" auf den zeitgenössischen Christen gewirkt haben, wo man schon als ungläubiger Gegenwartsmensch so viel Glanz kaum aushält.

Ungefähr jedes zweite hierzulande erscheinende Geschichtsbuch ist von einem Menschen verfaßt, der die historischen Akteure nicht verstehen, sondern sich ihnen überlegen fühlen will.

Die schlimmsten Zerstörungen finden derzeit im Satzbau statt.

Unter den Mitgliedern der Gleichheitspartei brach ein erbitterter Streit aus, wer der Anführer sein darf.

Schülern Geschichtsdenken beizubringen, würde bedeuten, sie mit der Frage zu konfrontieren, was den Nationalsozialismus bedingt, verursacht und in einem gewissen Sinn gerechtfertigt hat. Da diese Frage aber tabu ist, lernen die Jugendlichen Mythen.

Eine Gesellschaft, die an der Spitze ihrer Werteordnung die soziale Frage, den Antifaschismus, den „Kampf gegen Rechts", die Nivellierung der Bildungseliten und die Emanzipation jeder sogenannten Minderheit stellt, kann schwerlich anders als links genannt werden. Die Wirtschaftsverhältnisse sind kein Gegenargument –

der Kapitalismus hat sich einfach als die beste Melkkuh erwiesen.

Eines muß man den Antisemiten lassen: Nie hat einer von ihnen den Juden Intelligenz abgesprochen.

Die Parteien sind angeblich besorgt über die um sich greifende Politikverdrossenheit. Aber dieser Verdrossenheit verdanken sie ihre Existenz.

Es fragt sich, warum man in seinem Ekel Unterschiede machen soll zwischen einem NPD-Aufmarsch und einem Rap-Video, zumal der Rapper womöglich nur der Vorbote der ethnischen Sturmabteilungen von morgen ist.

Nichts kleidet den Menschen besser als eine Uniform (die Narrenkleider der Bundeswehr einmal ausgenommen). Es waren ästhetisch glückliche Zeiten, als Militär das Straßenbild verschönerte.

Lesen ist wesentlich Wiederlesen. Ein Mensch, der tausend Bücher gelesen hat, aber jedes nur einmal, hat im Grunde überhaupt nicht oder nur Unbedeutendes gelesen. Ein Autor, dessen Bücher niemand mindestens zweimal in seinem Leben aufschlagen will, ist ein unbedeutender Autor.

Selbstverständlich ist der Holocaust „singulär".
Selbstverständlich ist er nicht „unvergleichlich".

Nichts bringt eine Frau stärker in Wallung als das glaubhaft vorgetragene Geständnis, man sei rettungslos in eine andere verliebt.

Nur wer die kulturellen Massive der aristokratischen Gesellschaften nicht kennt, kann sich in den Steppen der demokratischen Massenkultur sehnsuchtsfrei wohlfühlen.

Seit jeher hat das Patriarchat den größten Teil seiner Energien der Unterdrückung von Männern gewidmet.

Die wirkliche Feigheit beginnt erst ab einem gewissen Alter.

Wenn die Hochschulen und Unternehmen mit Mastern vollgestopft sind, wird man händeringend nach Magistern zu suchen beginnen, wie nach frischer Luft.

„Der Herr hat's gegeben, der Herr hat's genommen", dieser Satz entspricht möglicherweise nicht den Tatsachen. Aber weiß irgendwer einen besseren?

Die Idee des Fortschritts rührt weniger aus dem Studium der menschlichen Geschichte als viel-

mehr aus der Eitelkeit der jeweils gerade lebenden Generation.

Letztlich bedeutet Gleichstellungsfeminismus,
daß sich Frauen und Männer um die Plätze in
den Rettungsbooten prügeln.

In Berlin gibt es ein Denkmal für Ernst Röhm:
Homosexuelle, die während der Naziherrschaft
ermordet wurden.

Erstaunlich, wie der Mensch an Grazie und
Würde verliert, sobald er in der Gruppe aufgeht.
Ein einzelner Penner wirkt geradezu prätentiös
neben einer Schar Professoren. Ein Dutzend
Frauen, jede für sich allein anbetungswürdig,
ergeben zusammen eine Schar schnatternder
Gänse. Nur Rituale und Drill machen die Grup-
pe ästhetisch erträglich.

In Gottesstaaten gilt die Bezeichnung „revisio-
nistischer Historiker" als anrüchig.

Wenn sie für ihre persönliche Diskriminierung
nun wirklich keinerlei Beleg mehr finden kann,
fühlt sich die Feministin eben stellvertretend in
Afrika oder in der Antike unterdrückt.

In der Ehe stellt der Mensch normalerweise fest,
daß er auf der Suche nach Indien war und Ame-
rika gefunden hat.

Hätte Karthago den dritten punischen Krieg überlebt, wäre die „Theorie des kommunikativen Handelns" vermutlich schon damals entstanden.

Unter dem Feldzeichen des Feminismus marschiert eine Armee, die noch nie auf einen Gegner getroffen ist. Soll man es ihr wünschen?

Nicht wählen zu gehen ist angesichts dessen, was zur Wahl steht, weniger eine politische Entscheidung als ein ästhetischer Imperativ.

Der gute Wille als Aggressionsform ist das zentrale gruppenpsychologische Symptom der gegenwärtigen westlichen Gesellschaften.

Fast alle von Journalisten verursachten Probleme würden durch die Wiedereinführung des Duells im Handumdrehen verschwinden.

Die sexuelle Ausbeutung der Frau hat zur Voraussetzung die sexuelle Ausbeutbarkeit von Männern.

Die den Applaus genießen, sind ihn nicht wert.

Der Aufgeklärte stirbt verzweifelter.

Mitunter noch stupider als der Antisemitismus ist die Antisemitismusforschung.

Wenn sie auf Treue verzichtete, würde er sie ihr schwören.

Wer die Naturwissenschaften nicht kennt, kann leicht Atheist sein.

Mit einer gewissen Vorfreude erwartet man den Tag, an welchem unsere Schwulen, Lesben und Feministinnen zum Endkampf gegen die muslimischen Machos antreten.

Ein Staat, der die Verleugnung irgendeines historischen Ereignisses unter Strafe stellt, nimmt den Zweifel an diesem Ereignis offiziell in seine Gesetzgebung auf.

Seit ihre Hervorbringung keine mehr erfordert, nennt man die Kunstwerke „Arbeiten".

Die ganze Tragikomik der Emanzipation offenbart sich, wenn man sieht, was die emanzipierte Frau anstelle von Kindern so zur Welt bringt: vom Handyklingelton bis zur soziologischen Studie über das Nichtvorhandensein von Geschlechtsunterschieden.

Buchmessen sind der Ort, wo die Autoren auf den Strich gehen.

Konservativ sein bedeutet keineswegs, am Althergebrachten zu hängen, sondern sich die permanenten Kulissenwechsel nicht als das Stück selber aufschwatzen zu lassen.

Wozu eigentlich klonen? Es gibt doch Bachelor-Studiengänge.

Dieses: „Das waren schließlich auch nur Menschen", das die zeitgenössische Biografik den Klassikern angepappt hat, ist unvollständig ohne den Zusatz: Desto erstaunlicher!

Der junge Linke schleudert seinen ersten Faschismus-Vorwurf mit jener kraftmeierischen Selbstberauschtheit gegen irgendwen, mit welcher er als Knabe zum erstenmal *coram publico* „Fotze" sagte.

Gibt es etwas Obszöneres als einen Politiker, der sich selber wählt?

Sich unter Gleichmeinenden immer etwas unwohl zu fühlen, unterscheidet den gebildeten Menschen vom vulgären.

Von den meisten Leuten, die so engagiert „Gesicht zeigen gegen Rechts", würde man nicht einmal die Nasenspitze sehen, wenn sie Nachteile davon hätten.

Moderne Malerei ist jener Wandbehang, dem das häppchenverdrückende und plaudernde Publikum bei Vernissagen seinen Rücken zukehrt.

Eine Frau, die sich morgens zurechtmacht, tut mehr für die Kultur ihres Landes als deren sämtliche Funktionäre.

„Fantasy" ist die Zukunft der Vergangenheit.

In der Musik lief es nicht anders als in der restlichen Gesellschaft: Kaum hatte sich die Dissonanz emanzipiert, wollte sie auch schon herrschen.

Es gibt eine sehr dumme Weise, an den Einfluß der Sterne auf das Leben der Menschen zu glauben. Es gibt aber auch eine sehr dumme Weise, nicht daran zu glauben.

Der Dritte Weltkrieg findet zwischen den Sprachen statt.

Wenn ihm öffentlich widersprochen wird, erklärt der Linke sofort, ein Rechtsruck habe stattgefunden.

Unter Alt-68ern ist der selbstironische Blick auf die eigene Existenz ungefähr so verbreitet wie unter afghanischen Clan-Chefs.

Kein existentieller Trübsinn, der nicht von einer veritablen Katastrophe im Handumdrehen geheilt würde.

Im Mindestfall illustriert ein Aphorismus, daß über das Thema nachzudenken Anstrengung gekostet hätte.

Die sexuelle Befreiung hat unter anderem dazu geführt, daß der westliche Mensch nun vollends zum Sklaven seiner sexuellen Gelüste geworden ist.

Gesinnungen sind biographisch bedingt und fast immer tolerierbar. Unverzeihlich bleibt allein die Denunziation.

Wir wollen nur mitdiskutieren, sagen die Linken, wenn sie an die Macht wollen. Mit Rechten diskutieren wir nicht, sagen sie, wenn sie an der Macht sind.

Das einsame Kind Menschheit wartet in der finsteren Nacht des Universums darauf, daß die Eltern heimkommen.

Der einfachste Schritt in Richtung „Lebensqualität" ist der allmorgendliche Verzicht auf Massenmedien.

Literaturkritik: Die Mistel benotet den Baum.

Man sollte sich langsam mal ideologiekritisch mit der Mathematik befassen. Immerhin haben die Nazis sie benutzt.

Ist das Kampfgetümmel der Diskurse beendet, bleiben auf dem Schlachtfeld die Mundtoten zurück.

Der gebildete Mensch erzählt nicht, wovon ein Buch handelt, sondern auf welche Weise es von etwas handelt.

Und wenn man nur eine einzige weibliche Silhouette flüchtig erblickt hätte, würde sich dieses Dasein gelohnt haben.

Daß der moderne Mensch sich nicht mehr bekreuzigt, nicht mehr niederkniet, nicht mehr betet, wird allgemein als der Aufklärung zu dankender Fortschritt betrachtet. Ästhetisch ist es ein Verlust.

„Kein Respekt vor großen Namen": das ist in Geistesdingen weniger eine Tugend als vielmehr die sichere Voraussetzung dafür, es selber niemals zu einem zu bringen.

Feminist sein bedeutet, die Waffen der Frau für Machtmittel des Mannes zu halten.

Das Werk des Jürgen Habermas, liest man, sei in alle großen Sprachen der Welt übersetzt worden.

Außer ins Deutsche.

Ein Mensch von Geschmack widerspricht dem Dummkopf, der seine Meinung teilt, zugunsten des Gescheiten, der eine andere vertritt.

Es heißt immer wieder, Leute wie Pollock, Warhol oder Beuys hätten *unsere Sehgewohnheiten verändert*. Also meine nicht.

Es gibt eine neue Theorie der Hirnforschung, die behauptet, im Menschen existiere kein definierbares Ich, sondern eine Art Autopilot führe die Geschäfte. Sollte dies der Fall sein, hätte mein Autopilot gern den von Shakespeare.

Die Wissenschaft hat die alten Mythen nicht widerlegt, sondern nur präzisiert.

Der Sozialstaat ist am beliebtesten bei den Asozialen.

Viele *nichtemanzipierte* Frauen sind hinreichend raffiniert, ihren Mann dienend zu beherrschen, viele *emanzipierte* so plump, mit ihm zu konkurrieren.

Je weniger die bildende Kunst bereit ist, den Menschen darzustellen, desto heftiger behaupten ihre Marktschreier, daß sie sich an ihn wende.

Das naturwissenschaftliche Denken endet mit dem Hinweis, daß sich etwas naturgesetzmäßig vollziehe. Das philosophische Denken beginnt dort.

Auch über ein Thema schweigen kann man nur mit jemandem, der es gut kennt.

Da die Mehrheit der Völker in der Weltkultur eine eher zweitrangige Rolle spielte und spielt, darf dieser Gedanke unter Demokraten nicht ausgesprochen werden.

Bach nach dem Willen der Rechtschreibreformer: Das wohl temperierte Klavier.

Der Exodus war ein Vorgang der Theologie, nicht der Realität; die Israeliten sind nicht aus Ägypten geflohen, weil das Pharaonenreich so brutal war, sondern sie haben sich geistig von ihm abgegrenzt, weil es so attraktiv war.

Auch die stolzeste, begehrenswerteste, hochmütigste Frau weiß instinktiv: Es ist nur die permanente Drohung durch andere Männer, die den Tölpel dort hindert, über sie herzufallen.

Eine der Lehren von 1933 ff. besteht darin, daß man als anständiger Mensch an konformistischen Veranstaltungen wie dem „Aufstand der Anständigen" eben nicht teilnimmt.

Ich habe noch keine einleuchtendere Definition des Todes gehört als jene, daß bei seinem Eintreten Yin und Yang sich trennen.

Frauenzeitschriften sind entweder der Nachweis, daß viele Frauen tatsächlich ziemlich blöd sind, oder aber die Demonstration einer jede Stammtisch-Misogynie locker hinter sich lassenden Frauenfeindlichkeit in den fraglichen, meist auch noch von Frauen gemachten Blättern. Oder eben beides zugleich beziehungsweise kreuzweise.

Wenn sich ein Deutscher und ein Immigrant prügeln und der Immigrant gewinnt, handelt es sich um ein Integrationsproblem. Gewinnt der Deutsche, ist es Rechtsextremismus.

Es ist für einen kultivierten Menschen sinnlos, eine Theater- oder Operninszenierung zu besuchen, deren Regisseur damit in die Feuilletons wollte.

Wenn eine Frau nein sagt, meint sie in Wirklichkeit ja, versichert der Macho. Wenn eine Frau nein sagt, meint sie auch nein, erklärt die Feministin. Recht haben sie beide: Wenn eine Frau nein sagt, meint sie mal dies und mal das.

Wer Globalisierung sagt, will betrügen.

Männer sollten nicht zu stolz sein auf die Frauen, die sie abbekommen; fast alle haben zuvor von einem Erfolgreicheren und Attraktiveren geträumt.

Spätere Historiker werden sich streiten, ob Deutschland 1918, 1933, 1945, 1968 oder 1992 untergegangen ist, aber sie werden sich darüber einig sein, daß es seine Blütezeit im Kaiserreich der Hohenzollern erreicht hatte.

Der Erfolg von Emanzipationskollektiven verhält sich umgekehrt proportional zu ihrer öffentlichen Selbstdarstellung als Unterdrückte.

Manch deutscher Zeitgeschichtler erweckt den Eindruck, er könnte ebensogut der Anklagebehörde der Nürnberger Prozesse zuarbeiten. Oder halt, ein paar Jahre früher, dem Volksgerichtshof.

Das Verlangen nach mehr Freiheiten ist in der Regel bloß der Wunsch nach unbehelligter Regression.

Das internationale Verhalten deutscher Politiker gerät umgehend in Evidenznähe, wenn man die Worte „deutsche Politik" durch „Politik der Besiegten" ersetzt.

Ob es einen Zusammenhang gibt zwischen der permanenten taktischen Überlegenheit der römischen Legionen und jener italienischer Fußballmannschaften?

Man sieht auch am demokratischen Verhalten, wer zum Nazi getaugt hätte.

Heute nennt man Wichsvorlagen „Ikonen".

Es wird einmal der Zeitpunkt eintreten, an welchem Demokraten mehr Menschen ermordet haben werden als Diktatoren. Natürlich aus ungleich edleren Motiven.

Deutsche Interessen sind so europäisch geworden wie europäische Schulden deutsch.

Je neoliberaler, desto schlechter das Benehmen.

Als individuell gilt, wer pro Tag möglichst vielen kollektiven Beschäftigungen nachgeht.

Das Verblüffendste an der „ausdifferenzierten Gesellschaft" ist die Ähnlichkeit in den Köpfen ihrer Angehörigen.

Je spannender das Buch, desto unaufmerksamer der Leser.

Der Journalist liest nicht, er sucht *Stellen*.

Die *Bauchentscheidung* ist die Nagelprobe der Hirnforschung.

Als die Sünde noch existierte, war die Psyche zumindest interessanter. Psychoanalytiker muß heutzutage vor allem ein unsäglich langweiliger Beruf sein.

Der liberale Historiker hat wenig Nachsicht mit den Gegnern des Diktators, wenn sie keine Demokraten waren.

Letztlich gibt es, mit allen denkbaren graduellen Abstufungen, nur zwei Arten von Pianisten: Die einen stellen das Werk zwischen sich und den Hörer, die anderen sich selbst zwischen Hörer und Werk.

Es hat etwas Befriedigendes, zu erleben, wie Menschen, die man unabhängig voneinander ablehnte, sich untereinander verstehen.

Gab es jemals eine Kriegs- oder Krisensituation, in welcher Frauen gefordert haben, den Männern gleichgestellt zu werden?

„Zivilgesellschaft" ist anscheinend der Gegenbegriff zu „zivilisierte Gesellschaft".

Durch das Gehirn eines Journalisten gequetscht zu werden, ist das schrecklichste, was einer Wirklichkeit passieren kann.

Nachdem uns Humanbiologen mit der – angeblichen – Entdeckung des „Glaubens-Gens" überrascht haben, werden sie demnächst hoffentlich auch auf das „Wissenschafts-Gen" stoßen, dessen Entfernung dann alles wieder einrenkt.

Neulich, in der Hölle, soll Hitler von Mao und Stalin neidisch gefragt worden sein: Wie machst du es bloß, daß du andauernd in den Schlagzeilen bist?

Das deutsche Parteiensystem arbeitet beharrlich daran, jenen Typus Politiker abzuschaffen, der die Alternative besitzt, wieder in *seinen Beruf* zurückzukehren.

Inzest gilt noch als strafwürdig, vermutlich weil er unter Heterosexuellen stattfindet.

Es ist nicht nur so, daß der Gegenwartsmensch nicht mehr an die übernächste Generation denkt – er glaubt nicht einmal an sie.

Der größte Langweiler unter den modernen Klassikern? De Sade. Der größte Kitschier? Hemingway.

Wenn es den Menschen nicht mehr gibt, ist auch eins plus eins nicht mehr zwei.

Die journalistische Selbstzensur verkauft sich heute bevorzugt als demokratische Gesinnung.

Wie kann bloß jemand gleichzeitig an den Urknall und nicht an Zauberei glauben?

Diejenigen, deren Gewißheiten erst demnächst umgestürzt werden, fühlen sich denjenigen, deren Glaubensartikel bereits widerlegt sind, ungeheuer überlegen.

„Schon Sophokles wußte", „Schon Kant hat geschrieben": So kann nur ein eitler oder dummer Satz anfangen.

Männlicher Orgasmus: Natur. Weiblicher Orgasmus: Kultur.

Der kritisch-Aufgeklärte wird zunächst felsenfest behaupten, es gäbe keine Zensur in einer Demokratie, und wenn man ihm dann Beispiele nennt, wird er ungerührt erklären, daß es gut sei, wenn gewisse Tatsachen und Ansichten nicht veröffentlicht würden.

Zum Atavistisch-Naturhaften an der Frau gehört, daß es viele immer noch genießen, wenn sich Männer um ihretwillen schlagen. Zum Kultivierten wiederum, daß sich manche für den Verlierer entscheiden.

Übrigens werden hierzulande auch die Armen einstweilen immer reicher.

Dienen adelt.

Der Hirnforscher ist ein unfreiwilliger Gottsucher. Wenn es kein Ich und keinen freien Willen gibt, dann kann nur der Große Uhrmacher es sein, der die Mannigfaltigkeit der Menschenwelt, die ja kein Naturprodukt ist, schafft.

Die abendländischen Künste beginnen mit Homer, Aischylos, Phidias; seitdem entwickeln sie sich unausgesetzt höher.

Auf den Zügen der kinderlos gebliebenen Endvierzigerin liegt eine Melancholie, die auch durch den ausschließlichen Konsum launiger Gender-Studies nicht zu tilgen ist.

Bei der Emanzipation des Embryos hört die Emanzipation auf.

Die Wehrmachtssoldaten sind selber schuld, schließlich hätten sie Zivildienst machen können.

Es gibt Leute, die wollen „aus ihrem Kulturkreis ausbrechen", obwohl sie ihn noch gar nicht betreten haben.

Regietheater ist heute ungefähr so avantgardistisch wie Nippel-Piercing und Arschgeweih.

Wer sich nachträglich über die aus wirtschaftlichen Gründen arrangierten Ehen in früheren Gesellschaften mokiert, sollte sicher sein, daß er für seine Liebe zu hungern bereit wäre.

Die Eitelkeit ist nicht genug zu preisen; seit dem Verschwinden der Demut ist sie die letzte Bastion gegen die allgemeine Raserei des Neides.

Die muslimische Invasion Europas würde nicht nur Nachteile bringen; Feminismus, Gender-Studies und Regietheater würden immerhin verschwinden.

Die meisten Menschen tauschen bedenkenlos jede sie umgebende Schönheit gegen irgendeinen technischen Komfort ein.

Es gibt einige zuverlässige, weil verallgemeinerbare Kriterien für den gebotenen Abbruch einer

Konversation: etwa wenn einer Goya und Velázquez in einem Atem nennt, Benn für einen größeren Lyriker als George hält und nicht einmal ahnt, daß die Denkkraft eines Heidegger für zehn Adornos und 20 Sartres ausgereicht hätte.

Die Literaturbetriebler bewirtschaften, benoten und schlachten Autoren wie Landwirte Zuchtschweine.

Letztlich versucht nahezu jeder jüngere Schriftsteller, für seine Bücher von den literaturbedürftigen und meistens unansehnlichen Leserinnen so viel Geld einzunehmen, daß es zur Finanzierung einer illiteraten Schönheit reicht.

Es fragt sich, warum die moderne bildende Kunst immer noch in den Feuilletons der Zeitungen behandelt wird und nicht gleich im Wirtschaftsteil.

Das Phänomen „1968", die Revolution der Wohlstandskinder samt anhebender Destabilisierung ihres Soziotops, ist zumindest marxistisch nicht erklärbar.

Ein bedeutender lebender Kopf ist einem so lange teuer, bis man versehentlich die Laudatio eines seiner zeitgenössischen Bewunderers liest.

Einzelmenschen sind zu ertragen, Milieus nie.

Die Bundeswehr stellt ihre neuen Schlacht-
schiffe vor: die *Süßmuth* und die *Habermas*.

Bis heute hat noch kein irreligiöses Volk seine
Überlebensfähigkeit unter Beweis gestellt.

Das wilhelminische Reich meldete seinen Platz
an der Sonne mit demselben Angeberjargon an
– „unvergleichlich", „einzigartig" –, den die
wiedervereinigte Bundesrepublik benutzt, um
die NS-Verbrechen zu bezeichnen und Deutschland einen Platz im Orkus der Geschichte zu
sichern.

Ich warte auf den Tag, da ein deutscher Fernseh-
historiensprecher sagt: In der Normandie trafen
unsere Truppen nur auf schwachen Widerstand
der Nazis.

Eitelkeit ist ein geselliger Trieb.

Ich mag den Feminismus. Er ist ein froher Bot-
schafter. Wo er auftritt, gibt es keine wirklichen
Probleme.

Seit 1968 findet ein Prozeß gegen Deutschland
statt, bei dem nur Belastendes, nie Entlastendes
ermittelt wurde.

Der Übergang von *a tergo* zur Missionarsstel-
lung war ein kulturbildnerischer Akt.

Beim Klassentreffen unterschied ihn von den anderen, daß er viele Dinge, an die er sich erinnern würde, noch vor sich hatte.

Früher Krüppel vor und Schönheit in der Kunst; heute umgekehrt.

Deutscher Dialog 2025 (frei nach Kleist): Warum hast du, mein Vater, nichts gegen den Holocaust unternommen? – Weil ich Jahrgang 1962 bin, mein Sohn.

Es ist unwahrscheinlich, daß man etwas liest, das einen zu neuen Erkenntnissen führt, aber noch unwahrscheinlicher ist, daß es einem selber einfällt.

Der Hauptfeind der Schönheit ist nicht der Barbar, sondern der Pragmatiker.

Eine gotische Pietá ist subversiver als ein ganzes Museum für moderne Kunst.

„Dieses Buch sollte verfilmt werden", lautet das höchste Kompliment der Illiteraten.

Manche Leute, die eifrig jeder Tagesparole folgen, finden Aphorismen undifferenziert und apodiktisch.

Man erkennt den politischen Glaubensirren daran, daß er, während er sich mit der *Titanic* einschifft, der Überzeugung ist, auf der *Santa Maria* zu sitzen.

Kulturpessimist wird geheißen, wer auf dem überfluteten Vorderdeck kein Liedchen trällern mag.

Der authentische Linke ist moralisch angewidert, der authentische Rechte ästhetisch.

Eine durchaus amüsante Weltsekunde tritt ein, wenn der Fortschrittler bestürzt feststellt, daß er bloß Teil eines Verwesungsprozesses gewesen ist.

Wenig würdig ist es, zu glauben, weil man das Paradies erhofft. Würdig ist es, zu glauben und nichts zu erhoffen.

Ich verachte den Feminismus nicht, weil er die Männer, sondern weil er die Grazien angreift.

Anscheinend ist keine Emanzipationsbewegung weise genug, um kurz vor dem Überspannen des Bogens innezuhalten.

Am meisten ärgert mich an diesen islamischen Radikalen, daß sie mich an die Seite von Leuten nötigen, die den Begriff „Aufklärung" ohne eine Spur von Ironie verwenden.

Um in Erfahrung zu bringen, was er bewunderte, schlug er regelmäßig im Feuilleton nach.

Interessen, wenn sie aggressiv werden, nennen sich Werte.

Letztes Distinktionsmerkmal: die Fähigkeit, Ekel zu empfinden.

Wie kann ich diesen Menschen von seiner falschen Meinung abbringen?, denkt der Missionar.
Wie kann ich davon profitieren, die falsche Meinung dieses Menschen anzuprangern?, denkt der Verfolger.

Während der Herstellung neuer Bevölkerungsmehrheiten ist der Begriff der Mehrheitsbevölkerung einstweilen tabu.

Die wahre Crux der Freiheit ist, daß sie am Ende niemanden erzeugt, der für sie kämpft.

Deutsch: Lerne leiden, ohne zu klagen.
Neudeutsch: Lerne klagen, ohne zu leiden.

Der Plattkopf glaubt, je paradoxer eine Sache ist, desto mehr verliere sie an Wahrhaftigkeit.

Die geistige Befruchtung benötigt weder Semester noch Module.

Auf ein Gewissen bei unseren Staatsbürgern verzichten wir gern, solange sie sich als moralisch erpreßbar erweisen.

Der Linke vermag geistreich zu spotten, doch der wirkliche Humor, diese Mischung aus Fatalismus und Weltversöhnung, ist seinem zelotischen Wesen fremd.

Witternd steht der Journalist vor seinem Bau: Ob wohl die Ansicht, die gestern als opportun galt, es auch heute noch ist?

An die Stelle des Einfaltspinsels der Vergangenheit ist heute der Vielfaltspinsel getreten.

Es gibt nichts Bewundernswertes, woran nicht der Geifer der Egalitaristen klebt.

Neues Staatsziel: Verslumung aus Gründen der Humanität.

Nichts sollte einen Autor mehr irritieren als zustimmende Briefe mit Fehlern in der Syntax.

Manche Leute scheinen tatsächlich zu glauben, daß ich auf demselben Müllplatz verkehre, wo sie ihre Begriffe und Kriterien zusammenklauben.

Solange sie nicht reden, könnte man sie fast für Individuen halten.

Je „fortschrittlicher", „emanzipierter", „moderner" die Musik wurde, desto weniger Menschen wollten sie spielen. Ein avanciertes Stück: ein Politbüro in Tönen.

Der elementare Gewinn aus dem Studium der Geschichte besteht darin, daß man seine Gegenwart nicht für allzu normal hält.

Neues Schimpfwort: Vielfaltsfeind.

Die Welt wäre ein schönerer Ort, wenn man jedem, der gleißnerisch vorgibt, „im Namen von ..." zu sprechen, ohne viel Federlesens die Zunge ausrisse.

Je klüger das Menschengeschlecht wird, desto banaler steht die Einzelseele da.

Der Gedanke, daß Gott, Allah, der Ewige, der Schöpfer des Himmels und der Erde, in dessen Händen alle Schicksale ruhen, sich von den Karikaturen eines kleinen Pariser Sterblichen und Gossenzeichners beleidigt fühlen könnte, ist vielleicht die größte Blasphemie, die sich überhaupt denken läßt.

Merke: Der Linke macht nur einen Witz, der Rechte *hetzt*.

Frei von Vorurteilen ist allenfalls ein Schwachsinniger.

Je „aufgeklärter" der Mensch ist, desto geringschätziger behandelt er die Toten, im buchstäblichen wie im historiografischen Sinne.

Ich werde nie die Inbrunst verstehen, mit welcher Menschen eine Ansicht vortragen, die erstens nicht von ihnen stammt und zweitens ohnedies herrscht.

Was tun, wenn die beste Sache der Welt von Gaunern und Spitzbuben vertreten wird? Man *muß* ihr in den Rücken fallen.

Nicht die Sünder sind das Problem, sondern ihre Rechtfertiger.

Seit es die moderne Kunst gibt, hat die Laienkunst kein Betätigungsfeld mehr.

Die Leugnung der Willensfreiheit ist eine abstoßende Beleidigung all derer, die unter der Folter geschwiegen haben.

Der Linke kann nicht Demokrat sein, ohne zu verfolgen.

Die heutige westliche Mentalität ist weit weniger ein Resultat der sogenannten Aufklärung oder der durchgesetzten westlichen Werte als vielmehr eine unmittelbare Folge des flächendeckenden Einsatzes von Schmerzmitteln.

Sollten die Atheisten scheitern, werden entweder Gläubige die von ihnen hinterlassenen Trümmer forträumen oder niemand mehr.

Toleranz ohne Truppen ist so lächerlich, wie Truppen ohne Toleranz widerwärtig sind.

Am unabhängigsten fühlen sich heutzutage diejenigen, deren gesamtes Denken und Treiben sich an irgendwelchen Kollektivismen orientiert.

Der Spatz genießt es, den Falken darauf hinzuweisen, daß der Adler größer ist als er.

Ein Künstler, der nicht danach strebt, eine schönere Welt zu hinterlassen, als er selber vorfand, verdient keinerlei Aufmerksamkeit.

Der Fortschrittsgläubige beruhigt sich über die Gewalttaten seiner Zeitgenossen, indem er sie als mittelalterlich bezeichnet.

Die einen drohen mit Schlägen, die anderen damit, „sich einzubringen".

Wer treu dem Teufel folgt, beeindruckt immer noch durch seine Treue, während der wendige Angepaßte auch im Dienste der edelsten Idee einen gewissen Abscheu einflößt.

Bis das „Informationszeitalter" anbrach, sind die meisten Menschen durch die Aufnahme von Information eher klüger geworden.

Auch bei den Homosexuellen gilt die allgemeine Tendenz: Es verschwinden die Wohlerzogenen, die ihre Sexualität diskret leben, und es mehrt sich der moderne Pöbel, der seine Kopulationsgepflogenheiten für ein Thema von gesellschaftlicher Relevanz hält.

Was für ein obskurer Drang, von den Problemen seiner Zeitgenossen auch noch in der Literatur behelligt werden zu wollen.

Für das Studium der Mentalität, auf welcher das Dritte Reich fußte, empfiehlt sich die Beobachtung deutscher Öffentlichkeitsarbeiter beim täglichen Vergangenheitsbewältigungsdienst als Proseminar.

In den Geisteswissenschaften archivieren die Mittelmäßigen die Irrtümer der Genies.

Der neueren deutschen Geschichtsschreibung trieft der Provinzlerehrgeiz aus allen Poren, sein Land als etwas Besonderes darzustellen, und sei es auch nur als besonders verwerflich.

Was eine Mehrheit der Journalisten haßt, kann niemals ganz übel sein.

Zuerst bekämpft die Homosexuellenbewegung die Homosexuellenphobie, dann erzeugt sie sie.

Es ist lächerlich, einer Institution, die seit 2000 Jahren die Erbsünde predigt, Vorwürfe zu machen, wenn einer ihrer Repräsentanten gesündigt hat.

Den Gutmenschen irritieren nicht die Tatsachen, sondern daß sie einer nennt.

Der „soziale Brennpunkt" ist weniger eine Ursache als vielmehr eine unmittelbare Folge der sozialistischen Architektur.

Allmählich sollte man dazu übergehen, in Nachrufen und Sterbeanzeigen darauf hinzuweisen, ob die von uns gegangene Person gestorben oder *ausgestorben* ist.

Diskriminiertwerden schärft den Verstand. Sofern man einen besitzt.

Der Unterschied zwischen Königtum und Demokratie? Monarchien haben existiert.

Jede Scheidung läßt den Sozialstaat mächtiger werden.

Heidegger hat über den Wald nachgedacht, Adorno über die Probleme der Ameisen.

Die hehre Krone einer linken Gesinnung verbirgt effektvoll die vulgären Gründe, in denen der Baum wurzelt.

Ein Land, das bei seinen Nachbarn große Sympathien genießt, wird von ihnen immer auch ein bißchen belächelt.

Die meisten journalistischen Pointenjäger bleiben allzeit beutelos.

Wenn eine prominente Canaille gestorben ist, fallen die Nachrufe eigentümlich schrill aus.

Vom Individualismus heilt der Schmerz.

Fortschritt durch elektronische Vernetzung heißt: Man macht ungefähr dasselbe wie vor 20 Jahren, hat aber überhaupt keine Zeit mehr.

Wer noch irgendwo auf ein authentisches Schamgefühl stößt, sollte es hegen wie eine Kostbarkeit.

In der liberalen Öffentlichkeit sind genau so viele Gesinnungspolizisten unterwegs wie einst in der sozialistischen.

Es ist den Heutigen anscheinend unmöglich, an eine Zukunft zu glauben, ohne eine Vergangenheit zu denunzieren.

Demokratie ist eine Staatsform, die nirgendwo existiert. Das macht diejenigen so unerträglich, die ganz ohne ironischen Unterton von ihr sprechen.

Nichts befriedigt einen Menschen verläßlicher als der Mißerfolg eines Begabteren.

Eine Frau, die von sich sagt, sie hege romantische Gefühle, ist entweder psychisch labil oder unfruchtbar oder eine Schauspielerin.

Er war kein wirklich bedeutender Autor, aber immerhin gut genug, um von seiner Schriftstellerei nicht leben zu können.

Am meisten ärgert mich an diesen islamischen Radikalen, daß sie mich an die Seite von Leuten nötigen, die den Begriff „Aufklärung" ohne eine Spur von Ironie verwenden.

Wenn unsere Germanophobiker wüßten, wie sehr ich sie als typische Deutsche geringschätze, sie würden mir wohl glatt eine Ehrenmitgliedschaft in ihrem noblen Kreise antragen.

Auch vergessen werden sollte man nur in bester Gesellschaft.

Es ist naiv zu glauben, daß Menschen, die ein Übel beklagen, von dem sie selber nicht betroffen sind, dieses Übel tatsächlich aus der Welt schaffen und es nicht vielmehr bewirtschaften wollen.

Die zähnefletschende Wut, die über den Kultur- und Geschichtspessimisten hierzulande hereinzubrechen pflegt, ist gewiß nur der unwirsche Ausdruck eines in sich ruhenden, souveränen Zukunftsvertrauens.

Die Brücke, über die sie laufen, und das Haus, in dem sie wohnen, wollen Konstruktivisten bemerkenswerterweise nie „dekonstruieren".

Übrigens: „Gender" ist *haram*.

Man wird einmal sagen: Es war nicht alles schlecht in der BRD.

Das Grundgesetz muß so lange geändert werden, bis es keine verfassungsfeindlichen Stellen mehr enthält.

Das Mutterland der *identity politics* ist Ruanda.

Wenn einem Menschen wirklich nur die Wahl bliebe zwischen Hetze und Lüge, müßte der Ärmste wohl die Hetze als das kleinere Übel wählen.

Eines Tages gab es endlich mehr Propagandafilme über NS-Propagandafilme als NS-Propagandafilme.

Sobald jemand in Deutschland öffentlich eine unkonventionelle Idee vorträgt, stürzen sofort alle an den PC und googeln, ob etwas gegen den Menschen vorliegt.

Im Kaiserreich herrschte deutlich weniger Vielfalt als in Merkeldeutschland.
    Außer an Nobelpreisträgern.

Eine Phobie, von welcher tatsächlich große Teile der deutschen Gesellschaft befallen sind, heißt *Dexiophobie*.

Ist denn „Klima" nicht bloß ein „Konstrukt"?

Neue Redensart: Der lügt wie ein Faktenchekker.

Die *Somewheres*, die sich für *Anywheres* halten, werden die großen Verlierer der Zukunft sein.

Man sollte auf seine späten Tage nicht allzu lange mit Leuten Konversation treiben, die keinen Sinn für das Verschwinden des alten Europa besitzen.

Wer sich für seine Lektüren Verfasser „auf Augenhöhe" wählt, wird niemals aufschauen, und wer nicht aufschaut, sieht auch die Sterne nie.

Ein Land, in dem der durchschnittliche IQ sinkt, wird täglich reifer für eine autoritäre Herrschaft.

Alter Staatsrechtler: Verfassungsmeinung.
    Junger Staatsrechtler: Regierungsmeinung.

Beim Gehaltsbescheid, beim Kaufvertrag und beim Erbschein hört der Konstruktivismus aus.

Wenn eine sogenannte positive Diskriminierung bei der Studienplatzvergabe und bei der Jobeinstellung gut ist, warum soll dann *racial profiling* bei der Polizei schlecht sein?

Ausland – das fühlt sich an, als habe man eine Wohnung verlassen, in der man pausenlos von Gouvernanten vollgequengelt wird.

Wie verdorben und schwächlich muß eine Gesellschaft sein, deren Eliten aus allen publizistischen Rohren mit Moralplatzpatronen auf das Volk schießen lassen.

Menschen, die nach Bewunderung verlangen, sind bloß nicht eitel genug.

Grundsatz: Jeden meiden, der etwas fordert, was ihm angeblich zusteht.

Meinungsfreiheit ist ein Mittel für den einmaligen Gebrauch.

Es gibt keinen niedrigen Beweggrund, der nicht in eine linke Gesinnung münden könnte.

Noch nicht einmal die Natur lebt „im Einklang mit der Natur".

Fast allen Menschen kann man zuhören, wenn sie erzählen, was sie erlebt haben, aber fast alle werden unerträglich, wenn sie darlegen, was sie meinen.

„Klimaflüchtlinge" sind Überbevölkerungsflüchtlinge.

Der Kulturmarxismus ist die Scharia der Globalisten.

Der meiste Rassismus tritt dort zutage, wo das meiste Geschrei darüber angestimmt wird, daß dort angeblich der meiste Rassismus zutage trete.

Die repräsentative Demokratie verhält sich zur Demokratie wie die Canaillokratie zur Ochlokratie.

Die deutscheste Art couragierter Bürgerbeteiligung: an der anonymen Telefon-Hotline „Gesicht zeigen gegen rechts".

Der Linke hegt dem Schönen gegenüber ähnliche Empfindungen wie der Teufel gegenüber dem Paradies.

Seinen Rang nicht zu kennen, ist eigentlich ein Makel. Man hat ihn zum Menschenrecht erhoben.

Das neue „falsche Bewußtsein" in einem Satz: Ich fühle mich nicht benachteiligt.

Heute heißt es nicht mehr *L'Éducation sentimentale*, sondern *La rééducation sentimentale* – vor allem jener Gefühle, über welche die Wahrnehmung von Unterschieden stattfindet.

Ein Rechtsruck liegt dann vor, wenn die Zahl der von Linken verhinderten Veranstaltungen so spürbar wächst, daß die Medien darüber zu berichten beginnen.

Der naturwissenschaftliche Beweis ist das Experiment. Der geisteswissenschaftliche das Zitat.

Aus einer gewissen Perspektive ist es immerhin witzig, daß die neueste Angriffswelle der Gleichmacherei ausgerechnet unter dem Schlachtruf „Diversity!" anrollt.

Ich habe noch nie einen intelligenten Menschen geringschätzig über Vorurteile sprechen hören. Aber schon viele Trottel.

Gleichstellung: anderes Wort für Entdifferenzierung.
   Antirassismus: anderes Wort für Haß auf Weiße.

Wein macht frei.

Welcher in die Jahre Gekommene errötet nicht bei der Erinnerung daran, was er als junger Mensch geglaubt, bewundert und als seine Überzeugungen ausgegeben hat?

Es ist immerhin ein Unterschied, ob einer mit der oder gegen die Regierungsmeinung hetzt.

Wenn sich ein intelligenter Mensch langweilt, dann immer in Gesellschaft.

Lebten wir tatsächlich im *besten Deutschland, das es je gab,* wäre nie ein Mensch auf diese überspannte Formulierung gekommen.

Die Linke ist nicht der Widerpart des Kapitalismus, sondern sein Parasit.

Zur Diskriminierung zu erklären, was bloß Bevorzugung war, ist der ethische Krebs unserer Zeit.

Nichts befriedigt einen Menschen verläßlicher als der Mißerfolg eines Begabteren.

Eine Frau, die von sich sagt, sie hege romantische Gefühle, ist entweder psychisch labil oder unfruchtbar oder eine Schauspielerin.

Wo Landesverrat Staatsräson ist, verwandelt sich Patriotismus automatisch in Rechtextremismus.

Kommt Zeit, vergeht Rat.

„Neid", „Gleichheit", „Regression", „Faulheit": So lauten die Namen, die auf den Feldzeichen der Legionen des Sozialismus geschrieben stehen. Sie gelten als unbesiegbar.

Immer mehr Deutsche werden Analphabeten, lesen wir in den Medien. Tatsächlich ist es umgekehrt.

Die gültige Maßeinheit für Gesindel hat nichts mit Geld zu tun; auf der Gesindel-Skala wird einzig Indolenz gemessen.

Daß es keine ethnisch homogenen Bevölkerungen gebe und bereits die Vorstellung verwerflich sei, behaupten merkwürdigerweise diejenigen, die eine solche Homogenität gern auf dem gesamten Globus herstellen möchten.

Gott ist so fair, viele Minderbegabte gegen die Erkenntnis des Vortrefflichen zu immunisieren.

Für den progressiven Literaturwissenschaftler ist Casanova ein Frauenfeind.

Überall ist Letztes.

Tierquälerei: etwas, das die Natur in jeder Sekunde veranstaltet.

Der erschöpfte Beobachter pausiert in der Hypothese. Der bankrotte wechselt zur Theorie.

Die Buntheit ist nur der Zwischenschritt in die Reinheit.

Der Rassist will sein Gegenüber entmenschlichen. Der Rassismus-Untersteller auch.

Der Klimawandel wird der Menschheit geringere Probleme bereiten als die Maßnahmen, die sie zu dessen Verhinderung ergreift.

Der durch den linken Rhetor bloßgestellte „Rassist" wird vom Publikum angestarrt wie ein Jude auf dem Reichsparteitag.

Es gibt nichts Zynischeres als die Asyllobby bei der Verniedlichung der Kollateralschäden.

Wenn ein junger Mensch sich mit kühnen Gedanken hervortut, will er gemeinhin seine Umgebung beeindrucken; wenn es ein älterer tut, ist ihm deren Meinung bloß gleichgültig geworden.

Die Liebe zur Natur ist ein Stockholm-Syndrom.

X. denkt nicht. Er würfelt.

Viele Menschen halten jenes Geräusch, welches sie machen, um sich auf die Frequenz des Schwarmes einzuschwingen, für ihre eigene Meinung.

Keine Rasse überhäufte die Welt so sehr mit Zukunftsentwürfen wie die weiße kurz vor ihrem Aussterben.

Wenn ein Geist so groß ist, daß er mich beschenkt, erlischt in mir jeder Neid.

Geschichte ist, was der Linksintellektuelle auf jeden Fall besser gemacht hätte.

Sterben bedeutet tröstlicherweise auch, von künftigen Technologien verschont zu bleiben.

Die Bewohnbarkeit einer Großstadt endet, wenn die Prozentzahl derer, die sich ihre kleinstädtische Mentalität bewahrt haben, unterhalb eines kritischen Wertes gesunken ist.

Apokalyptiker ist jemand, der es mit der Schadenfreude übertreibt.

Wenn Gott wirklich weiß, was in den Köpfen aller Menschen vor sich geht, gilt ihm mein aufrichtiges Bedauern.

Trost: Um das meiste, was hier in den nächsten Jahren abgeräumt wird, ist es nicht schade. Nur um das Eigentliche.

Am Ende verhindert wohl der Tod, daß man erwachsen wird.